Análise de projetos de investimento

PUBLICAÇÕES
FGV Management

ECONOMIA E FINANÇAS

Análise de projetos de investimento

José Carlos Franco de Abreu Filho
Marcus Vinicius Quintella Cury

FGV | EDITORA IDE

Copyright © 2018 José Carlos Franco de Abreu Filho,
Marcus Vinicius Quintella Cury

Direitos desta edição reservados à
FGV EDITORA
Rua Jornalista Orlando Dantas, 37
22231-010 – Rio de Janeiro, RJ – Brasil
Tels.: 0800-021-7777 – 21-3799-4427
Fax: 21-3799-4430
editora@fgv.br – pedidoseditora@fgv.br
www.fgv.br/editora

Impresso no Brasil / *Printed in Brazil*

Todos os direitos reservados. A reprodução não autorizada desta publicação, no todo ou em parte, constitui violação do copyright (Lei nº 9.610/98).

Os conceitos emitidos neste livro são de inteira responsabilidade dos autores.

1ª edição – 2018

PREPARAÇÃO DE ORIGINAIS: Sandra Frank
EDITORAÇÃO: Abreu's System
REVISÃO: Fatima Caroni
CAPA: aspecto:design

Ficha catalográfica elaborada pela Biblioteca Mario Henrique Simonsen/FGV

Abreu Filho, José Carlos Franco de
    Análise de projetos de investimento / José Carlos Franco de Abreu Filho, Marcus Vinicius Quintella Cury. – Rio de Janeiro: FGV Editora, 2018.
    184 p.

    Publicações FGV Management.
    Área: Economia e finanças.
    Inclui bibliografia.
    ISBN: 978-85-225-2024-4

    1. Projetos de investimento – Avaliação. I. Cury, Marcus Vinicius Quintella. II. FGV Management. III. Fundação Getulio Vargas. IV. Título.

                                                                                               CDD – 332.67

*Aos nossos alunos e aos nossos colegas docentes,
que nos levam a pensar e repensar nossas práticas.*

Sumário

Apresentação	11
Introdução	15
1 | Visão geral da análise de projetos de investimento	17
Conceituação de projeto de investimento	18
O fluxo de caixa de um projeto de investimento	20
Objetivo da análise de projetos de investimento	24
Identificação do investidor	25
Funções do gestor como analista de projetos de investimento	26
Seleção de projetos de investimento	28
Avaliação de projetos de investimento	32
Classificação de projetos de investimento	35
A decisão de investir em projetos e o custo de oportunidade	37
A decisão para o caso de projetos independentes, mutuamente excludentes e dependentes	41
Resumo do capítulo	42
2 | O custo do capital e a taxa de desconto	43
A taxa mínima de atratividade	44
Estrutura de capital de um projeto de investimento	47
Determinação do custo do capital próprio	48
Determinação do custo do capital de terceiros	54

Custo médio ponderado do capital	56
Resumo do capítulo	59

3 | Fluxos de caixa de projetos de investimento — 61

Elaboração dos fluxos de caixa	61
Principais elementos de um fluxo de caixa	64
Tipos de moeda do fluxo de caixa	73
Fluxo de caixa real e nominal	76
Lucro real e lucro presumido	80
Fluxo de caixa livre do acionista	82
Fluxo de caixa livre do projeto	87
Previsão dos resultados dos fluxos de caixa	91
Fluxo de caixa incremental	98
Fluxo de caixa do projeto *versus* lucro contábil	102
A importância do capital de giro para o projeto	103
Cálculo da necessidade de capital de giro	108
Variação do capital de giro no fluxo de caixa de projetos	111
Resumo do capítulo	114

4 | Métodos quantitativos para análise de viabilidade de projetos — 115

Análise de projetos de investimento	115
Os métodos quantitativos mais utilizados no mercado	116
Valor presente líquido (VPL)	118
Valor presente líquido anualizado equivalente (VPLAE)	121
Custo anual equivalente (CAE)	126
Taxa interna de retorno (TIR)	129
Taxa interna de retorno modificada (TIRM)	136
Payback simples (PBS)	140
Payback descontado (PBD)	142
Índice de lucratividade líquida (ILL)	144
Resumo do capítulo	146

5 | Análise de risco e incerteza | 147
    Conceituação de risco e incerteza | 147
    Técnicas mais utilizadas | 149
    Análise de sensibilidade | 149
    Árvore de decisão | 156
    Simulação Monte Carlo | 166
    Resumo do capítulo | 175

Conclusão | 177
Referências | 179
Os autores | 181

Apresentação

Este livro compõe as Publicações FGV Management, programa de educação continuada da Fundação Getulio Vargas (FGV). A FGV é uma instituição de direito privado, com mais de meio século de existência, gerando conhecimento por meio da pesquisa, transmitindo informações e formando habilidades por meio da educação, prestando assistência técnica às organizações e contribuindo para um Brasil sustentável e competitivo no cenário internacional.

A estrutura acadêmica da FGV é composta por nove escolas e institutos, a saber: Escola Brasileira de Administração Pública e de Empresas (Ebape), dirigida pelo professor Flavio Carvalho de Vasconcelos; Escola de Administração de Empresas de São Paulo (Eaesp), dirigida pelo professor Luiz Artur Ledur Brito; Escola de Pós-Graduação em Economia (EPGE), dirigida pelo professor Rubens Penha Cysne; Centro de Pesquisa e Documentação de História Contemporânea do Brasil (Cpdoc), dirigido pelo professor Celso Castro; Escola de Direito de São Paulo (Direito GV), dirigida pelo professor Oscar Vilhena Vieira; Escola de Direito do Rio de Janeiro (Direito Rio), dirigida pelo professor Sérgio Guerra; Escola de Economia de São Paulo (Eesp), dirigida pelo professor Yoshiaki Nakano; Instituto Brasileiro de Economia (Ibre), dirigido pelo professor Luiz Guilherme Schymura de Oliveira; e Escola de Matemática Aplicada (Emap), dirigida pela professora Maria Izabel Tavares Gramacho. São diversas unidades com a marca FGV, trabalhando com a mesma filosofia: gerar e disseminar o conhecimento pelo país.

Dentro de suas áreas específicas de conhecimento, cada escola é responsável pela criação e elaboração dos cursos oferecidos pelo Instituto de Desenvolvimento Educacional (IDE), criado em 2003, com o objetivo de coordenar e gerenciar uma rede de distribuição única para os produtos e serviços educacionais produzidos pela FGV, por meio de suas escolas. Dirigido pelo professor Rubens Mario Alberto Wachholz, o IDE conta com a Direção de Gestão Acadêmica (DGA), pelo professor Gerson Lachtermacher, com a Direção da Rede Management pelo professor Silvio Roberto Badenes de Gouvea, com a Direção dos Cursos Corporativos pelo professor Luiz Ernesto Migliora, com a Direção dos Núcleos MGM Brasília, Rio de Janeiro e São Paulo pelo professor Paulo Mattos de Lemos, com a Direção das Soluções Educacionais pela professora Mary Kimiko Magalhães Guimarães Murashima. O IDE engloba o programa FGV Management e sua rede conveniada, distribuída em todo o país e, por meio de seus programas, desenvolve soluções em educação presencial e a distância e em treinamento corporativo customizado, prestando apoio efetivo à rede FGV, de acordo com os padrões de excelência da instituição.

Este livro representa mais um esforço da FGV em socializar seu aprendizado e suas conquistas. Ele é escrito por professores do FGV Management, profissionais de reconhecida competência acadêmica e prática, o que torna possível atender às demandas do mercado, tendo como suporte sólida fundamentação teórica.

A FGV espera, com mais essa iniciativa, oferecer a estudantes, gestores, técnicos e a todos aqueles que têm internalizado o conceito de educação continuada, tão relevante na era do conhecimento na qual se vive, insumos que, agregados às suas práticas, possam contribuir para sua especialização, atualização e aperfeiçoamento.

Rubens Mario Alberto Wachholz
Diretor do Instituto de Desenvolvimento Educacional

Sylvia Constant Vergara
Coordenadora das Publicações FGV Management

Introdução

Este livro é destinado àqueles que estão iniciando os estudos em finanças, mais precisamente a análise de projetos de investimento. Cabe ressaltar que não pretendemos esgotar esse amplo tema, mas temos o objetivo de apresentar aos gestores empresariais, especialistas em finanças e profissionais não financeiros uma visão geral dos principais conceitos, critérios quantitativos e métodos utilizados no mundo corporativo para a correta tomada de decisão. Para isso, estruturamos o livro em cinco capítulos.

O primeiro capítulo oferece uma visão genérica e abrangente da análise de projetos de investimento, a fim de situar o leitor no assunto. Esse capítulo discorre sobre os objetivos e funções do gestor como analista de projetos, sobre o conceito de fluxo de caixa e a forma de identificação do investimento, além de apresentar uma forma de seleção, avaliação e classificação de projetos.

No segundo capítulo, abordamos a relação risco *versus* retorno, que rege os investimentos, financiamentos e todas as análises de projetos, com especial destaque para os custos dos capitais próprio e de terceiros. Os investidores aplicam capital para financiar projetos e precisam definir as taxas de risco e de retorno atraentes e compatíveis com suas possibilidades. Dessa forma, veremos como podemos determinar as taxas de retorno adequadas aos riscos dos investimentos.

O terceiro capítulo versa sobre os fluxos de caixa dos investimentos e seus principais elementos, apresentando os pontos de vista de elaboração desses fluxos, pelas óticas dos acionistas e da empresa, que servem para as análises de projetos de investimento. Mostramos também que esses fluxos de caixa são necessariamente incrementais e podem ser elaborados em moedas constante e nominal. O capítulo ressalta a relevância do capital de giro na estrutura dos fluxos de caixa.

O quarto capítulo apresenta os principais métodos quantitativos para a análise dos projetos de investimento, suas vantagens, desvantagens e formas de utilização. Veremos como esses métodos são importantes para subsidiar as tomadas de decisão e como são úteis para indicar a potencialidade de viabilidade financeira dos projetos de investimento.

O quinto e último capítulo trata da análise de risco e incerteza, com a apresentação das técnicas mais utilizadas no mercado, que são a análise de sensibilidade, árvore de decisão e simulação Monte Carlo.

A conclusão ajuda o leitor a refletir sobre a importância da análise de projetos de investimento para fins de tomada de decisão corporativa.

1
Visão geral da análise de projetos de investimento

Este capítulo apresenta uma visão panorâmica e integrada com a abordagem dos principais conceitos básicos para a análise de projetos de investimento, cujo objetivo principal é permitir ao gestor financeiro tomar a decisão ótima, com base em premissas estabelecidas, critérios e indicadores econômicos consagrados.

A decisão ótima é aquela voltada para a criação de valor da empresa ou negócio e também do capital aportado pelos investidores, cujo critério relevante está fundamentado no conceito do valor presente e no custo de oportunidade. Em tempo: doravante adotaremos o termo genérico "acionistas" quando nos referirmos aos sócios, proprietários, cotistas de empresas limitadas e aos próprios acionistas de empresas de sociedades anônimas.

Portanto, mostraremos as etapas da elaboração do orçamento de capital empresarial voltadas para a tomada de decisão de aceitação ou rejeição de projetos de investimento selecionados, avaliados e classificados. Além disso, este capítulo também apresenta como devem ser realizadas as análises de projetos independentes, mutuamente excludentes e dependentes.

Conceituação de projeto de investimento

O termo projeto está relacionado à intenção ou percepção de fazer ou realizar algo, no futuro, ou seja, transformar ideia em realidade. Todo projeto visa ao atendimento de necessidades ou ao aproveitamento de oportunidades das iniciativas públicas e privadas. Para isso, torna-se imprescindível a criação de premissas econômicas, financeiras, políticas, sociais, ambientais, culturais, mercadológicas, tributárias, entre outras, e a estimativa de valores para a construção de um fluxo de caixa que represente o projeto em termos monetários, de maneira que possa ser realizada sua devida análise e avaliação para a tomada de decisão.

Clemente e colaboradores (2008) afirmam que o conceito de projeto é extremamente amplo e pode ser aplicado a qualquer atividade de planejamento, por se tratar de um processo de escolha dos negócios futuros de uma organização. Além disso, o projeto trata de um tema específico, que demanda quantidades definidas de recursos físicos e financeiros, tem um horizonte de tempo determinado e requer resultados quantificáveis.

Investimento, por sua vez, é o aporte de capital em uma empresa, negócio, imóvel ou qualquer ativo, com o intuito de obter dividendos, resultados positivos de caixa, aluguéis ou ganhos de capital, incertos e, portanto, probabilísticos, durante certo horizonte futuro de tempo, de curto, médio ou longo prazo.

Portanto, um projeto de investimento pode ser conceituado como um conjunto organizado de informações sobre uma ideia de implementar uma iniciativa qualquer, com o objetivo precípuo de fundamentar a tomada de decisão dos responsáveis pelo aporte de recursos financeiros, próprios ou de terceiros.

Em suma, o projeto de investimento típico deve ser composto pelas seguintes etapas: concepção e conceituação da ideia, estudo mercadológico das demandas atuais, potenciais e futuras, estudo de funcionalidade e exequibilidade, elaboração do fluxo de caixa dos aportes de capitais (próprio e de terceiros), com quadro de usos e fontes, despesas e custos operacionais, administrativos, tributários e financeiros, cálculo e avaliação dos indicadores de viabilidade, análise de riscos e incertezas, e, por fim, recomendações para a tomada de decisão do investimento.

Neste livro, trataremos somente de investimentos em projetos ou ativos tangíveis, ou seja, aqueles que podem ser vistos, tocados, medidos e pesados, como a construção, modernização, recuperação e expansão de prédios, plantas industriais, usinas, rodovias, portos e ferrovias; aquisição de máquinas e equipamentos; lançamento de produtos; abertura de negócios empresariais de qualquer natureza, entre outros tipos de implementação de projetos. Vale ressaltar que muitos aspectos intangíveis já se encontram incorporados tacitamente nos fluxos de caixa de projetos tangíveis, por exemplo, a marca que alavanca as vendas estimadas.

Não trataremos de projetos ou ativos intangíveis, aqueles que não existem fisicamente, tais como as patentes, fundo de comércio, marcas, percepção de qualidade, empresas virtuais e outros que possuem valor de mercado, podem ser comercializados, mas não fazem parte do imobilizado físico das empresas.

Um projeto ou ativo qualquer, pela ótica financeira, para ser considerado viável precisa valer mais do que custa para seus investidores, o que implica a demonstração de um fluxo de caixa maior do que o montante de recursos investidos. Todo projeto de investimento deve ser representado, para fins de tomada de decisão, pelo seu fluxo de caixa incremental, cujo conceito será abordado no capítulo 3.

O fluxo de caixa de um projeto de investimento

Na linguagem das finanças corporativas, o valor de qualquer projeto de investimento é determinado pelo valor presente dos fluxos de caixa livres que os investidores esperam receber dele, ou seja, o valor presente dos valores líquidos das receitas, tributos, custos, despesas e investimentos a serem realizados durante o período de vida útil previamente definido, descontado a uma taxa de juros compatível com o risco exigido pelos investidores ou acionistas. Essas entradas e saídas de caixa esperadas formam o fluxo de caixa estimado do projeto, como mostraremos no capítulo 3. A taxa de juros citada será mostrada no capítulo 2, e o valor do projeto será demonstrado no capítulo 4, por meio dos métodos quantitativos para a análise da viabilidade de projetos.

Em finanças, a expressão "fluxo de caixa" é utilizada para indicar as entradas e saídas de recursos financeiros de um projeto de investimento e, na prática, representa o fluxo dos investimentos, receitas, custos, despesas, juros e amortizações dos empréstimos, financiamentos, tributos, entre outros, que poderão ser gerados, tanto em curto prazo quanto nas previsões de longo prazo, em cada intervalo de tempo. Esse termo é oriundo da expressão da língua inglesa *cash flow*, ou seja, fluxo de dinheiro, em tradução literal, cujo significado vai ao encontro da definição inicialmente dada.

Devemos entender bem o conceito financeiro do fluxo de caixa de um projeto de investimento e não podemos fazer confusão com os conceitos contábeis do demonstrativo dos fluxos de caixa (DFC) e do demonstrativo de resultados do exercício (DRE), que são dois importantes demonstrativos contábeis básicos utilizados no mundo empresarial. Outro importante demonstrativo contábil básico é o balanço patrimonial (BP).

Os demonstrativos contábeis citados representam instrumentos fundamentais para o processo decisório em diferentes níveis, por fornecer informações patrimoniais, financeiras e econômicas das entidades em geral, mas precisamos ter em mente que eles registram fatos passados, em relação a um determinado período, e utilizam o regime de competência, exceto o DFC, que utiliza o regime de caixa, situação que pode levar a interpretações equivocadas e imprecisas sobre a real situação financeira da empresa. Por outro lado, o fluxo de caixa de um projeto de investimento retrata as estimativas futuras de entradas e saídas de recursos financeiros, para cada período de um horizonte de tempo definido e utiliza o regime de caixa.

Para efeito de fixação conceitual, os demonstrativos contábeis DFC e DRE adotam, respectivamente, os regimes de caixa e de competência, enquanto os fluxos de caixa de projetos de investimento, tema central deste trabalho, utiliza exclusivamente o regime de caixa.

O fluxo de caixa de um projeto de investimento pode ser analisado pela ótica do agente empreendedor, da sociedade em que ele estará funcionando e interagindo, do agente financiador ou da nação como um todo. Neste livro, abordaremos a análise de projetos pela ótica privada, ou seja, pelo ponto de vista do agente empreendedor, com a denominação de acionista ou investidor.

Em outras palavras, podemos definir o fluxo de caixa de um projeto de investimento como uma ferramenta financeira utilizada para subsidiar a correta tomada de decisão, por parte dos investidores e acionistas das empresas, de aportes de capital que incluem os gastos a serem realizados em ativos não circulantes, antes denominados ativos permanentes, tais como obras civis, máquinas, equipamentos, terrenos, sistemas eletromecânicos, *softwares*, *hardwares*, entre outros. Esses investimentos carecem de análise financeira de modo a garantir que haja um retorno atrativo para os investimentos realizados (Kato, 2012).

A figura 1 mostra a representação gráfica de um fluxo de caixa de um projeto de investimento onde podemos visualizar os investimentos iniciais FC_0 e FC_1 (fluxos de caixa previstos para os momentos zero e um). Ressaltamos que existem projetos que demandam investimentos por dois, três, quatro ou mais períodos para serem completamente implantados. A figura 1 apresenta um exemplo específico de um fluxo de caixa hipotético com investimentos alocados apenas nos períodos 0 e 1. Como se trata de saídas de caixa, estão representados por vetores voltados para baixo. Como mencionamos, nada impede que haja mais fluxos de caixa representativos de investimentos em quaisquer momentos do horizonte de estudo do projeto. A partir desse ponto, o fluxo da figura 1 apresenta n períodos futuros, mostrando fluxos previstos em cada intervalo de tempo t. Esses períodos podem representar meses, anos, trimestres ou qualquer outra periodicidade de tempo definida. Geralmente, os fluxos de caixa das análises de projetos de investimento são elaborados em períodos anuais. FC_t representa o fluxo de caixa livre para o investidor, após taxas, juros e tributos, previsto para cada período t, conforme veremos no capítulo 3.

Figura 1

Representação gráfica do fluxo de caixa
de um projeto de investimento

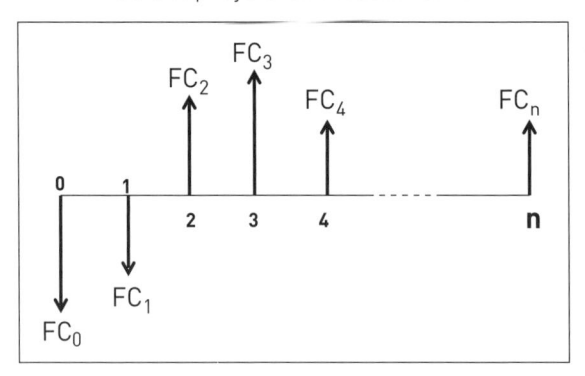

Os fluxos de caixa futuros esperados provenientes de diferentes tipos de projetos de investimento ou ativos podem receber diferentes nomenclaturas, conforme segue: os fluxos de caixa das aplicações em ações de uma empresa são os dividendos; os fluxos de caixa provenientes dos imóveis são os aluguéis; investimentos em debêntures geram juros; as patentes fornecem aos investidores os *royalties*; e investimentos em projetos industriais ou de infraestrutura produzem resultados financeiros líquidos.

Os tipos de fluxos de caixa relevantes para a análise de projetos de investimento, tais como os fluxos de caixa do projeto e do acionista, os fluxos de caixa reais e nominais e os fluxos de caixa incrementais, serão abordados no capítulo 3.

O exemplo 1 mostra a planilha simplificada e representação gráfica do fluxo de caixa do projeto de investimento em uma franquia na Zona Sul do Rio de Janeiro. No capítulo 3, os fluxos de caixa serão mostrados em planilhas mais detalhadas.

Exemplo 1

Considere a aquisição de uma franquia, na Zona Sul do Rio de Janeiro, com investimento inicial de R$ 160 mil, em maio de 2017, e estimativa de resultados líquidos anuais de R$ 48 mil, nos dois primeiros anos, e de R$ 60 mil, nos três anos seguintes, já considerado o IR. O contrato da franquia é de cinco anos, renováveis. Faça a representação do fluxo de caixa livre desse projeto de investimento, na forma de planilha financeira e diagrama dos fluxos de caixa.

Moeda: R$ (maio 2017)

Ano	Investimento e valor de revenda	Aluguel anual líquido	Fluxo de caixa
0	-160.000,00		-160.000,00
1		48.000,00	48.000,00
2		48.000,00	48.000,00
3		60.000,00	60.000,00
4		60.000,00	60.000,00
5		60.000,00	60.000,00

Objetivo da análise de projetos de investimento

A análise de um projeto de investimento tem por objetivo o fornecimento de subsídios para a tomada de decisão objetiva, por parte dos investidores, a partir de premissas básicas estimadas e previstas com base nos cenários observáveis e em seus julgamentos técnicos, para a maximização da riqueza e pela melhor relação risco *versus* retorno.

Simplificando, a análise de um projeto de investimento visa simular as suas condições futuras prováveis, materiais, mercadológicas, financeiras, administrativas, tributárias, humanas, técnicas e operacionais, para que os investidores tenham a possibilidade da *go or no go decision* (decisão de dar ou não continuidade ao projeto idealizado, isto é, deliberar se vale ou não a pena prosseguir para sua implementação).

A análise de projetos de investimento não é uma ciência exata, pois trabalha, o tempo todo, com a previsão de fatos futuros, ou seja, fora de nosso controle. Além disso, novas informações chegam ao longo do tempo, e as análises dos projetos podem ter de ser atualizadas e até mesmo refeitas, uma ou mais vezes, pois um projeto que poderia ser bom no ano passado pode não ser bom este ano. Apesar de utilizar a matemática financeira, que é uma ciência exata, como ferramenta, a análise de projetos de investimento emprega *inputs* não exatos e probabilísticos, elaborados com base em premissas, estimativas e previsões, que, consequentemente, produzirão *outputs* também não exatos e probabilísticos, que dependerão de interpretações e julgamentos subjetivos, dentro de certa margem de erro, para servirem como subsídios à tomada de decisão dos investidores. Os *outputs* são produzidos durante a avaliação dos projetos, por meio de critérios financeiros, conforme será apresentado adiante.

Além disso, conforme a base filosófica preconizada por Damodaran (2009), os investidores, na maioria dos projetos, não aportam capital por motivos estéticos ou emocionais, mas por motivos estritamente financeiros, visto que os investimentos em projetos são realizados com base no crescimento de seus fluxos de caixa esperados, dentro de um determinado horizonte de tempo, que implica a percepção de valor no presente.

Na realidade empresarial, a análise de um projeto de investimento deve ter como ponto focal a criação de riqueza para os acionistas da empresa, considerando todos os riscos envolvidos, de forma que a melhor tomada de decisão seja aquela que possa levar em conta um fluxo de caixa líquido operacional suficiente para cobrir os custos dos capitais próprio e de terceiros aplicados e, além disso, gerar um resultado positivo, o mais elevado possível, ou seja, criar valor para a empresa.

Portanto, a análise de projetos de investimento engloba as ações de seleção, avaliação, classificação e tomada de decisão para implementação dos projetos propostos para o orçamento de capital.

Identificação do investidor

Para adquirir um ativo, alguém terá de financiar o investimento nesse ativo. Esse "alguém" é chamado investidor. Existem, fundamentalmente, dois tipos de investidores: credores e sócios.

De modo geral, quem são os investidores do mercado? No caso das empresas públicas, os investidores são os cidadãos, a população que paga impostos diretos e indiretos, ou seja, os contribuintes. No caso das empresas privadas de sociedades anônimas, de capital fechado ou aberto, com ações em bolsa ou não, os investidores são os acionistas, e, no caso das empresas privadas limitadas, são os cotistas.

Os investidores são aqueles que vinculam suas decisões aos riscos e retornos oferecidos pelos ativos. Os investidores possuem um comportamento típico de aversão ao risco. Isso significa que os investidores cobram retornos adicionais para assumir riscos adicionais, isto é, esperam maior retorno por assumir maiores riscos. Investidores são insaciáveis em relação aos retornos. Para um mesmo nível de risco, um investidor optará pelo ativo de maior retorno.

Em tempo, doravante adotaremos o termo genérico "investidor" quando nos referirmos aos investidores propriamente ditos de negócios empresariais e empreendedores, ou seja, aqueles que investem recursos financeiros em ativos, com a expectativa de conseguir retornos e valorização dos ativos, assumindo os riscos inerentes aos respectivos ativos e à conjuntura econômica do país. Em outras situações, como foi dito anteriormente, adotaremos o termo genérico "acionista" quando nos referirmos aos sócios cotistas de empresas limitadas e aos próprios acionistas de empresas de sociedades anônimas.

Funções do gestor como analista de projetos de investimento

Segundo Brealey e Myers (2013), o gestor financeiro trabalha o tempo todo com dois problemas básicos: o primeiro é decidir quanto e em quais ativos e projetos a firma deve investir, isto é, decisão de investimento, e o segundo é escolher a forma como deve ser levantado o capital necessário para investir, isto é, decisão de financiamento.

As decisões do gestor financeiro devem sempre colocar os acionistas da firma na melhor situação possível, e seu sucesso será medido pela geração de valor conseguida e consequente criação de riqueza, ou seja, o resultado do investimento em um projeto que vale mais do que custa.

Gitman (2010) diz que os gestores financeiros administram as finanças de todos os tipos de empresas, privadas ou públicas, grandes ou pequenas, com ou sem fins lucrativos, e suas principais tarefas incluem a elaboração de orçamentos, realização de previsões financeiras, administração do caixa e do crédito, análise de projetos de investimento e captação de recursos, próprios e de terceiros.

Na prática, a atuação do gestor empresarial na análise de projetos de investimento tem caráter multidisciplinar: requer visão sistêmica e integradora de toda a empresa, capacidade de lidar com riscos e incertezas e habilidade para interagir constantemente com os clientes, investidores, instituições financeiras, poderes públicos, parceiros e colaboradores internos. O gestor dessa área precisa acompanhar os marcos regulatórios e legislações vigentes, taxas de juros praticadas, tributos envolvidos, padrões de consumo do mercado-alvo e todos os possíveis riscos e incertezas inerentes ao projeto de investimento em análise.

A multidisciplinaridade citada como atributo do gestor tem como base a elaboração do plano de negócios que sustentará a parte eminentemente financeira do projeto, o fluxo de caixa, que, por sua vez, é construído pela monetização das premissas físicas, técnicas, operacionais, humanas, tributárias, mercadológicas, comerciais, sociais, econômicas e bancárias estimadas e previstas.

Em suma, as funções de um gestor responsável pela análise de projetos de investimento podem ser resumidas pelo comando das seguintes atividades: concepção da ideia, estudos de mercado, projetos conceitual, funcional e básico de engenharia, premissas econômicas e financeiras, construção do fluxo de caixa, avaliação e classificação pelos indicadores financeiros, análise de risco e incerteza e relatório conclusivo sobre a viabilidade do projeto para subsidiar a tomada de decisão, ou seja, a *go or no go decision*.

Cabe ressaltar a importância de não confundir as atividades de um gestor responsável pela análise de projetos de investimento com as atividades do gestor de projetos, visto que este último responde pela implementação de projetos, após a *go or no go decision*. Todavia, nada impede que um gestor responsável pela análise de um determinado projeto de investimento possa assumir a posição de gestor desse mesmo projeto. As funções básicas do gestor de projetos incluem o planejamento, controle e execução de projetos de acordo com o plano de negócios previamente definido e aprovado pelos acionistas e investidores e alinhado com os objetivos de negócio da empresa.

Seleção de projetos de investimento

A seleção de projetos de investimento e a quantificação dos recursos financeiros a serem aportados fazem parte do orçamento de capital das empresas e têm a finalidade precípua de escolher os projetos que apresentam potencialidade de viabilidade financeira e de aumento de riqueza para os acionistas. Portanto, o orçamento de capital envolve o planejamento dos investimentos e financiamentos dos projetos em estudo pela empresa e a seleção daqueles que passarão para a fase de análise e avaliação, e posterior classificação desses projetos para a tomada de decisão de implementação. A figura 2 mostra, de forma geral, as etapas básicas do orçamento empresarial de capital, com destaque para a posição estratégica da atividade de seleção no complexo processo de tomada de decisão para a implementação de projetos de investimento. Cabe ressaltar que este livro aborda apenas as etapas que antecedem a implementação, ou seja, desde a seleção dos projetos, passando pela avaliação e classificação, até o processo de tomada de decisão (*go or no go decision*).

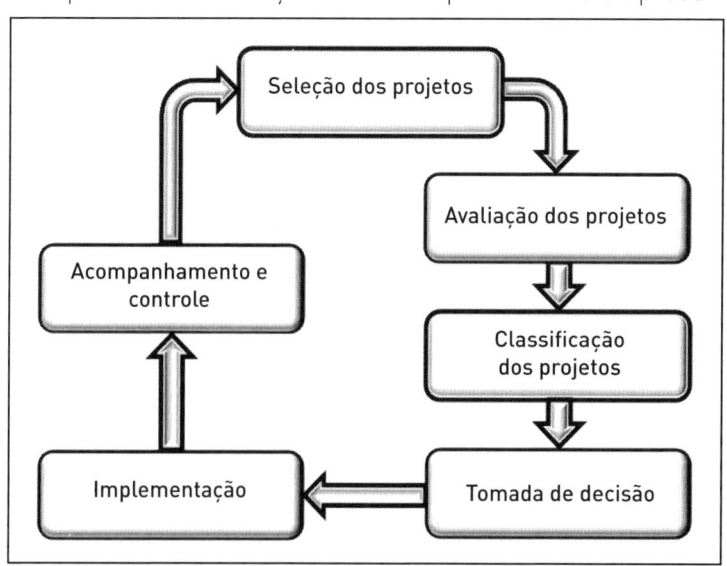

Figura 2
Etapas básicas do orçamento de capital de uma empresa

```
        ┌─────────────────────┐
    ┌──▶│ Seleção dos projetos │──┐
    │   └─────────────────────┘  │
    │                             ▼
    │                   ┌──────────────────────┐
    │                   │ Avaliação dos projetos│
    │                   └──────────────────────┘
┌──────────────┐                   │
│Acompanhamento e│                 ▼
│   controle    │        ┌──────────────────┐
└──────────────┘         │  Classificação   │
    ▲                    │   dos projetos   │
    │                    └──────────────────┘
    │                             │
    │                             ▼
┌──────────────┐         ┌──────────────────┐
│Implementação │◀────────│ Tomada de decisão│
└──────────────┘         └──────────────────┘
```

A seleção de quais projetos de investimento imaginados e propostos passarão por um processo amplo de análise e avaliação, para que os investidores possam classificá-los e, assim, tomar a decisão sobre a implementação dos mesmos, pode ser realizada por diversas técnicas não quantitativas, subjetivas ou expeditas, como uma forma preliminar de indicar aqueles projetos que merecem ser analisados financeiramente de forma ampla e detalhada, para fins de tomada de decisão pelos investidores. Geralmente, a cada ano, as empresas se deparam com muitas sugestões de projetos para serem implementados, tanto na fase de ideia quanto em estágios mais elaborados, mas os recursos orçamentários são limitados, por maior que seja a empresa. Então, existe a necessidade de uma triagem das opções de projetos sugeridos e propostos, utilizando-se, para isso, algum critério expedito, para que não haja desperdício de recursos financeiros nas fases de avaliação e classificação.

A seleção de projetos de investimento por priorização é considerada a técnica mais simples utilizada por empresas de pequeno e médio portes, visto que os projetos imaginados são ordenados por sua importância (mercadológica, política, estratégica, econômico-social, geração de caixa e retorno sobre o capital) e complexidade (operacional, política, tecnológica, financeira e nível de risco) de implementação. Contudo, nada impede que essa técnica seja utilizada por empresas de grande porte. Caso haja um ou mais projetos candidatos para fazer parte do orçamento de capital da empresa, aqueles com maior importância e menor complexidade deverão ser priorizados e escolhidos para passar pelo processo de análise financeira e consequente tomada de decisão de implementação.

A vantagem desse método é sua simplicidade e praticidade para a seleção de projetos, desde que os atributos de complexidade e importância sejam bastante claros. A grande desvantagem do método é a subjetividade das variáveis utilizadas para determinar os atributos de complexidade e importância. As considerações sobre complexidade e importância podem ser realizadas por especialistas, técnicos e acionistas da empresa, com atribuição de notas de zero a cinco, por exemplo, para uma lista de requisitos considerados estratégicos para a empresa. O quadro 1 propõe uma forma de seleção de projetos por priorização, a partir de cinco requisitos dados a cada um dos dois atributos do método. Podemos observar que cada projeto poderá alcançar no máximo 25 e no mínimo cinco pontos para cada atributo.

A figura 3 apresenta um gráfico para a visualização do resultado do método de seleção de projetos por priorização. Por exemplo, os projetos considerados de alta importância e com baixa complexidade terão prioridade 1 para serem analisados e avaliados para fins de tomada de decisão. Já os projetos com pouca importância, mas considerados de alta complexidade, entram na região de prioridade 9.

Quadro 1
Planilha proposta para a aplicação do método de seleção de projetos por priorização

Projeto proposto	Complexidade (notas de 1 a 5)						Importância (notas de 1 a 5)					
	Tecno-lógica	Política	Financeira	Prazo	Nível de risco	Total	Mercado-lógica	Política	Sócio-econômica	Prazo	Nível de risco	Total
A												
B												
C												
...												
Z												

Figura 3
Gráfico representativo do método de priorização para seleção de projetos

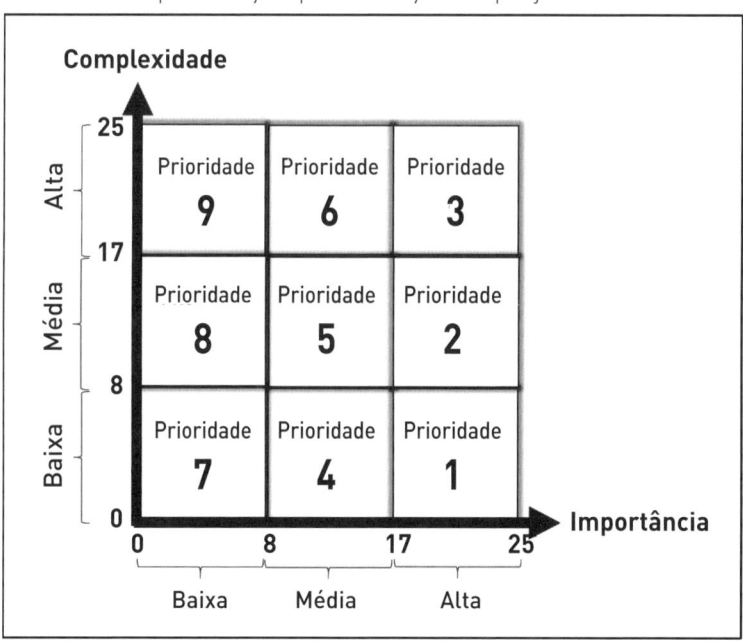

```
Complexidade
  25 ┌─────────────┬─────────────┬─────────────┐
     │ Prioridade  │ Prioridade  │ Prioridade  │
Alta │      9      │      6      │      3      │
  17 ├─────────────┼─────────────┼─────────────┤
     │ Prioridade  │ Prioridade  │ Prioridade  │
Média│      8      │      5      │      2      │
   8 ├─────────────┼─────────────┼─────────────┤
     │ Prioridade  │ Prioridade  │ Prioridade  │
Baixa│      7      │      4      │      1      │
   0 └─────────────┴─────────────┴─────────────┘ Importância
     0             8            17            25
         Baixa        Média         Alta
```

O exemplo 2 apresenta a seleção de projetos hipotéticos, com base no quadro 1 e resultado baseado no gráfico da figura 3.

Exemplo 2

O grupo empresarial Indústrias Reunidas Novo Mundo S.A. está definindo seu orçamento de capital para o próximo ano e está diante de quatro projetos de investimentos elaborados por seu corpo técnico. A diretoria pretende fazer a seleção dos projetos por meio da técnica da priorização, importância *versus* complexidade e, para isso, convocou suas equipes técnica, econômica e comercial para atribuirem notas no quadro 1.

Proje-to proposto	Complexidade (notas de 1 a 5)						Importância (notas de 1 a 5)					
	Tecno-lógica	Política	Finan-ceira	Prazo	Nível de risco	Total	Merca-dológica	Política	Sócio-econô-mica	Prazo	Nível de risco	Total
Alfa	4,0	2,0	2,0	3,0	3,0	14,0	3,0	2,0	3,0	3,0	2,0	13,0
Beta	3,0	2,0	3,0	2,0	2,0	12,0	4,0	2,0	4,0	3,0	3,0	16,0
Gama	1,5	1,0	2,0	1,0	2,0	7,5	4,5	3,0	5,0	4,0	4,0	20,5
Delta	3,0	4,0	4,0	3,0	4,0	18,0	1,5	1,0	1,0	2,0	2,0	7,5

Alocando os resultados acima no gráfico da figura 3, o projeto Gama assume a prioridade 1, visto que suas notas de complexidade somaram o menor valor, ou seja, 7,5 pontos, e as notas de importância totalizaram o maior valor, ou seja, 20,5 pontos. Nesse caso, o projeto Gama deve ser considerado de baixa complexidade e alta importância, encaixando-se na situação de prioridade 1. Os projetos Beta e Alfa devem assumir as prioridades seguintes, respectivamente, e o projeto Delta ficaria em última posição, podendo, até mesmo, ser descartado, pois apresenta alta complexidade e baixa importância.

Avaliação de projetos de investimento

Após a etapa da seleção dos projetos de investimento com potencial para serem incluídos no orçamento de capital de uma empresa, acontecem as etapas da avaliação e classificação dos mesmos para fins de tomada de decisão, conforme mostrado na figura 2.

A etapa de avaliação dos projetos selecionados tem por objetivo estimar ou atribuir um valor a cada um deles, em termos monetários. Para que os investidores possam tomar a decisão de investir ou não investir, eles precisam ter uma ideia de quanto vale o ativo que está sendo considerado.

Em finanças, como dito, o valor de qualquer ativo, inclusive projetos de investimento, pode ser definido como o valor presente de um fluxo de caixa futuro de recebimentos e desembolsos esperados, ou seja, resultados probabilísticos, descontado a uma taxa de juros que reflita o risco do investimento. Esse método de avaliação é conhecido como fluxo de caixa descontado (FCD), tradução literal do inglês, *discounted cash flow* (DCF).

O capítulo 3 deste livro tratará da elaboração dos diferentes tipos de fluxos de caixa de projetos e apresentará seus principais elementos e formas de utilização, conforme o objetivo da análise.

O FCD é o modelo mais utilizado no mercado para estimar o valor de ativos e projetos de investimento e segue a mesma forma de cálculo do valor presente (VP), aprendido na matemática financeira, cuja fórmula é a seguinte:

$$VP = \sum_{t=0}^{n} \frac{FC_t}{(1+k)^t} \qquad (1)$$

onde: FC_t é o fluxo de caixa resultante líquido do período t; k é a taxa de desconto apropriada ao risco do fluxo de caixa; e n é o horizonte de estudo definido para a análise do projeto.

Portanto, antes de aportar capital em projetos, os investidores precisam analisar se o desempenho dos ativos poderá atender aos objetivos desejados, e o critério mais utilizado pelos analistas de projetos de investimento é o valor presente líquido (VPL). Trata-se de um critério quantitativo para análise e classificação de projetos que, permite ver, no tempo zero, se o ativo poderá valer mais, ou menos, do que o custo do investimento necessário para adquiri-lo. O VPL é calculado matematicamente da mesma forma mostrada na expressão 1 e suas características como critério quantitativo relevante para análise e classificação de projetos serão detalhadas no capítulo 4.

A taxa de desconto apropriada ao risco do fluxo de caixa, representada pela letra *k*, que aparece na expressão 1, tem importância fundamental na análise de viabilidade de projetos e negócios e na avaliação de empresas, porque representa o mínimo que os investidores e acionistas pretendem ou exigem receber como retorno aos seus aportes de recursos financeiros. Essa taxa de desconto, doravante denominada taxa mínima de atratividade (TMA), não possui uma fórmula matemática definitiva para seu cálculo, mas sua composição deve levar em consideração três componentes básicos, a saber: (a) o custo de oportunidade do capital a ser investido, ou seja, as remunerações alternativas desse capital que serão abandonadas, para a realização do investimento em análise; (b) os riscos envolvidos no projeto em estudo, considerando a compensação financeira esperada para o tamanho desses riscos; (c) a liquidez potencial do investimento, ou seja, a avaliação do tempo de recuperação do investimento em caixa.

Na prática do mercado, a determinação da TMA "ideal" gera controvérsias e dúvidas, e muitas vezes são utilizadas taxas de desconto arbitradas ou consensuais, além da subjetividade presente em sua composição. O capítulo 2 apresentará a TMA com mais profundidade e mostrará um modelo teórico para sua definição.

De acordo com Brigham, Gapenski e Ehrhardt (2001), a análise de cada projeto de investimento selecionado com potencial para o orçamento de capital deve seguir determinados passos: determinação do custo do projeto; construção dos fluxos de caixa esperados para a vida útil do projeto, incluindo seu valor residual; estimação dos riscos dos fluxos de caixa esperados; definição da taxa de juros relativa ao custo do capital para o desconto dos fluxos de caixa, ou seja, a TMA; determinação do valor do projeto para a empresa, com base na comparação entre o VP dos fluxos de caixa esperados do projeto e o custo de capital do investimento para sua implementação, cujo resultado deve mostrar a superioridade do primeiro, para a recomendação de aceitação do projeto (caso contrário, o projeto deve ser rejeitado). Na prática, trata-se da aplicação do método do VPL: quando positivo, recomenda-se a aceitação do projeto; caso contrário, a rejeição. Vale recomendar uma análise de risco e incerteza como complemento à avaliação de cada projeto a partir de métodos estatísticos e estudos de sensibilidade e de cenários, como será visto no capítulo 5.

Classificação de projetos de investimento

A etapa subsequente à avaliação dos projetos trata da classificação dos mesmos para fins de tomada de decisão sobre fazerem parte ou não do orçamento de capital da empresa. Brasil (2002) chama essa classificação de estabelecimento de um *ranking* dos projetos avaliados positivamente como integrantes da carteira de investimentos do orçamento de capital da empresa.

Para a formação desse *ranking*, existem quatro métodos quantitativos consagrados e consensuais no mundo das finanças, que são os seguintes:

- valor presente líquido (VPL)
- taxa interna de retorno (TIR)
- *payback* descontado (PBD)
- índice de lucratividade líquida (ILL)

Além desses quatro métodos, são também utilizados os critérios do *payback* simples (PBS), taxa interna de retorno modificada (TIRM), valor presente líquido anualizado (VPLA) e custo anual equivalente (CAE) como métodos auxiliares para tomada de decisão, que serão mostrados e comentados detalhadamente no capítulo 4.

Apesar de ser considerado o critério mais importante e de estar presente praticamente em todas as análises de projetos de investimento, Brealey e Myers (2013) alertam que o VPL não deve ser tratado como o indicador único e suficiente no processo de tomada de decisão, pois possui limitações que devem ser levadas em consideração. O VPL tem grande aceitação no mercado, mas é um método que produz um resultado absoluto, e não relativo como o ILL e, além disso, depende fundamentalmente da consistência das previsões dos fluxos de caixa esperados no futuro, da constância do custo de oportunidade do capital ao longo do tempo, das oscilações cíclicas dos mercados e da influência descompensada da inflação sobre os elementos do fluxo de caixa projeto.

Entretanto, reforçando o que já foi mencionado, o VPL, quando positivo, fornece uma indicação a respeito do potencial de criação de valor de um projeto de investimento, que, em outras palavras, aponta que o capital investido poderá ser recuperado, remunerado pela taxa de juros exigida pelo investidor, ou seja, a TMA, e gerará um ganho adicional igual ao próprio VPL.

Para a formação do *ranking* de projetos, podemos empregar o conjunto dos quatro critérios citados ou utilizar apenas o VPL como critério principal. Portanto, o orçamento de capital deve ser formado por um conjunto otimizado de projetos de investimento, com o maior somatório de VPL, dentro das limitações ou restrições orçamentárias da empresa ou dos investidores.

No caso da utilização dos quatro critérios de forma combinada, existem técnicas de pesquisa operacional, como a programação linear, para a maximização do VPL do conjunto de projetos que comporá o orçamento de capital da empresa, levando em conta as restrições orçamentárias, os investimentos iniciais, as características de independência ou mútua exclusividade dos projetos e os indicadores da TIR, PBD e ILL. Esse tema não será tratado neste livro. O exemplo 3 mostra um caso da formação de um orçamento de capital baseado em *ranking* construído pelo critério do VPL.

VISÃO GERAL DA ANÁLISE DE PROJETOS DE INVESTIMENTO

> **Exemplo 3**
> Considere uma empresa multinacional que esteja montando seu orçamento de capital para o próximo exercício e selecionou e avaliou cinco projetos candidatos, com níveis de risco aceitáveis, e, agora, encontra-se na etapa da tomada de decisão para aceitação ou rejeição desses projetos, ou seja, chegou a hora da *go or no go decision*. Os cinco projetos selecionados possuem o mesmo horizonte de tempo de cinco anos e os VPL foram calculados à taxa de desconto de 12% ao ano. O limite orçamentário da empresa para os investimentos de capital nesses projetos está definido em R$ 35 milhões. Elabore uma planilha para subsidiar a tomada de decisão da empresa com base na maximização do VPL total.
>
> Moeda: R$ (maio 2017)
>
> | Projeto | Investimento inicial | Investimento acumulado | VPL | VPL acumulado | Ranking | Go or no go decision |
> |---|---|---|---|---|---|---|
> | B | 10.000.000,00 | 10.000.000,00 | 40.500.000,00 | 40.500.000,00 | 1º | Go |
> | E | 15.000.000,00 | 25.000.000,00 | 24.700.000,00 | 65.200.000,00 | 2º | Go |
> | A | 8.000.000,00 | 33.000.000,00 | 17.200.000,00 | 82.400.000,00 | 3º | Go |
> | C | 10.000.000,00 | 43.000.000,00 | 16.150.000,00 | 98.550.000,00 | 4º | No go |
> | D | 12.000.000,00 | 55.000.000,00 | 15.400.000,00 | 113.950.000,00 | 5º | No go |
>
> Conclusão: recomenda-se a implementação dos projetos B, E e A, nessa ordem, visto que o montante dos investimentos respeita a restrição orçamentária de R$ 35 milhões, e a geração de valor total para a empresa, indicada pela soma dos VPL, está estimada em R$ 82,4 milhões.

A decisão de investir em projetos e o custo de oportunidade

A tomada de decisão de investir em projeto único ou em um conjunto de projetos devidamente selecionados, avaliados e classificados, é um momento de suma importância para o investidor individual ou para a empresa, visto que, a partir desse momento, haverá a necessidade do aporte do capital inicial, que será um desembolso irreversível e marcará o ponto de partida da implementação do projeto e da realização de todas as previsões do plano de negócios e estimativas para os fluxos de caixa futuros.

Segundo Ross, Westerfield e Jaffe (2009), a tomada de decisão em projetos de investimento deve passar pelo seguinte teste--chave: se houver opções mais atraentes disponíveis nos mercados financeiros para o capital a ser aplicado nos projetos em análise, o investimento não deverá ser realizado e os projetos, rejeitados; em caso contrário, valerá a pena o investimento nos projetos. Para fundamentar esse teste-chave, o critério do VPL deve ser utilizado para a comparação entre o capital a ser investido nos projetos e o mercado financeiro.

No caso de VPL positivo, o investimento deve ser visto como potencialmente viável e indicado para implementação, como será visto detalhadamente no capítulo 4. Ao mesmo tempo, isso nos mostra como os mercados financeiros podem fornecer os mecanismos necessários para a aquisição dos fundos requeridos para a realização do investimento no projeto, circunstância que nos remete ao fundamental conceito do custo de oportunidade.

Brealey e Myers (2013) preconizam que o custo de oportunidade de um recurso financeiro pode ser relevante mesmo que não haja troca de mãos do dinheiro, como em um projeto hipotético de uma nova planta industrial, cujo terreno onde será construída poderia ser vendido por R$ 10 milhões. Nesse caso, por não se tratar de um recurso gratuito, o montante mencionado tem um custo de oportunidade, que seria o valor gerado para a empresa pela venda desse terreno, caso o projeto fosse rejeitado. Assim, caso aceite o projeto, a empresa renunciará aos R$ 10 milhões; todavia, se o rejeitar, a empresa possuirá um ativo que vale R$ 10 milhões, mesmo que não venda esse ativo, para fazer uso em qualquer outra aplicação.

Em outras palavras, o custo de oportunidade é um conceito atrelado ao sacrifício da perda de remuneração admitido por um indivíduo ou empresa pela decisão de ter aplicado seus recursos financeiros em algum investimento alternativo, de mesmo nível de risco. O custo de oportunidade representa quanto um investidor, individual ou empresarial, abriu mão, em termos de remuneração financeira, por ter aplicado seu capital em uma oportunidade de investimento em vez de aplicá-lo em outra.

Goulart (2002), para passar a ideia de custo de oportunidade, cita a expressão inglesa *if you get something, you generally have to give up something*, cuja tradução livre significa que se você escolhe ou consegue algo, você geralmente terá de abandonar alguma outra coisa. Justamente aquilo que é abandonado, sacrificado ou renunciado pode ser entendido como o custo de oportunidade.

Para exemplificar, imagine um empreendedor que deseja investir R$ 500 mil em um novo negócio que prevê um lucro anual de R$ 60 mil, durante um determinado tempo. Esse empreendedor tem como alternativa uma aplicação no mercado financeiro que lhe oferece uma rentabilidade de 10% ao ano. Caso venha a optar pelo novo negócio, seu custo de oportunidade do capital corresponde a R$ 50 mil por ano.

O conceito de custo de oportunidade tem grande aplicação em finanças, especialmente nas análises de projetos de investimento, uma vez que é uma peça primordial na composição da taxa mínima de atratividade (TMA), utilizada para o cálculo do VPL, como será visto nos capítulos 2 e 4. O custo de oportunidade não deve ser confundido com a TMA, que, *grosso modo*, retrata a remuneração desejada pelo investidor, ou seja, quanto o investidor exigirá de retorno para aportar capital em um determinado nível de risco. Dessa forma, a TMA deverá ser sempre maior que o custo de oportunidade, caso contrário o bom-senso recomenda a aplicação do capital ao custo de oportunidade.

Devemos ter em mente que o custo de oportunidade deve ser definido pela comparação entre investimentos de riscos semelhantes, pois não faria sentido a tomada de decisão baseada na comparação com uma taxa de retorno de investimentos teoricamente sem riscos, como caderneta de poupança ou títulos públicos. A diferença entre uma TMA e uma taxa sem risco deve ser entendida como um prêmio pelo risco incorrido e não pode ser confundida com custo de oportunidade.

Em suma, a criação de valor indicada pelo VPL de um projeto de investimento deve ser entendida como um resultado que será capaz de melhor remunerar o custo de oportunidade de seus proprietários, acionistas ou investidores individuais. O exemplo 4 apresenta uma forma intuitiva de determinação de uma TMA, baseada no custo de oportunidade, e uma prévia do cálculo do VPL, com utilização da expressão 1.

Exemplo 4

A empresa Alfa está analisando um projeto para expansão de sua planta industrial, cujo investimento totaliza R$ 20 milhões, aplicados no ano 0, e os resultados líquidos anuais foram estimados em R$ 6,5 milhões, durante os próximos cinco anos. Determine o VPL do projeto, considerando que o custo de oportunidade da empresa Alfa está baseado em títulos públicos federais, que giram em torno de 8% ao ano (a.a.). Os acionistas da empresa Alfa estimaram as probabilidades de ocorrência dos fluxos de caixa anuais do projeto e definiram um prêmio de 4% ao ano como compensação pelos riscos a serem assumidos.

Definição da TMA = custo de oportunidade + prêmio de risco exigido = 8% a.a. + 4% a.a. = 12% a.a.

Cálculo do VP de cada período pela expressão 1, adotando a TMA como taxa de desconto.

O somatório dos VP anuais corresponde ao VPL do projeto.

Moeda: R$ (maio 2017)

Mês	Investimento e resultados líquidos	Fluxo de caixa descontado a 12% a.a.	Fluxo de caixa descontado acumulado
0	-20.000.000,00	-20.000.000,00	-20.000.000,00
1	6.500.000,00	5.803.571,43	-14.196.428,57
2	6.500.000,00	5.181.760,20	-9.014.668,37
3	6.500.000,00	4.626.571,61	-4.388.096,76
4	6.500.000,00	4.130.867,51	-257.229,25
5	6.500.000,00	3.688.274,56	3.431.045,32

Conclusão: o projeto indica viabilidade pelo VPL positivo de R$ 3.431.045,32, descontado à TMA de 12% ao ano, que significa geração de riqueza, visto que o projeto tem potencialidade para recuperar o capital investido de R$ 20 milhões, remunerado à taxa de juros exigida pelos acionistas (TMA) e ainda gerar um resultado excedente (VPL), que servirá para o crescimento e perpetuação da empresa. Caso venha a optar pelo custo de oportunidade, a empresa conseguirá apenas a rentabilidade de 8% ao ano, durante os mesmos cinco anos, sem produzir qualquer riqueza para seus acionistas.

A decisão para o caso de projetos independentes, mutuamente excludentes e dependentes

Já vimos, até aqui, que a tomada de decisão para aplicação de recursos financeiros em projetos de investimento, tanto no âmbito individual quanto no empresarial, pressupõe a elaboração de um orçamento de capital, por mais simples que seja, que pode ser composto por um ou mais projetos.

No caso de um orçamento de capital com mais de um projeto de investimento, devemos ficar atentos às possíveis relações entre os projetos selecionados, para que possam ser corretamente avaliados e classificados, visto que podem ser independentes, mutuamente excludentes ou dependentes.

Os projetos são caracterizados como independentes quando possuem objetivos distintos e a escolha de um deles não interfere ou exclui os demais, podendo, inclusive, ser implementados de forma simultânea. No caso da tomada de decisão entre dois ou mais projetos independentes, o indicador recomendado é o VPL positivo, em que a classificação dos projetos será feita do maior para o menor valor do VPL.

Os projetos mutuamente excludentes são aqueles que concorrem entre si e possuem o mesmo objetivo, mas a aceitação de um promove diretamente a rejeição dos demais. Esses projetos podem ser denominados também mutuamente exclusivos, uma vez que podemos rejeitar todos os projetos selecionados e somente aceitar um único projeto, excluindo, consequentemente, os outros em análise. Por exemplo, podemos classificar dois projetos como mutuamente excludentes na seguinte situação: uma empresa adquiriu um grande terreno ao lado de sua planta industrial principal e estuda a viabilidade de construir ali uma unidade de expansão ou implantar um centro de pesquisa e desenvolvimento de novos produtos, considerando que ambos os projetos visam aumentar o faturamento. Esses dois projetos não poderão ocupar o terreno simultaneamente e um deles deverá ser descartado. Da mesma forma que no caso dos projetos independentes, o indicador recomendado para a tomada de decisão continua sendo o VPL; entretanto, esse indicador deve ser calculado para o fluxo de caixa incremental decorrente da diferença entre os fluxos de caixa de ambos os projetos mutuamente excludentes, do maior para o de menor investimento, como será mostrado no capítulo 4.

Os projetos são considerados dependentes quando a aceitação de um deles interferir ou depender diretamente da escolha de outro projeto, ou de vários ao mesmo tempo. Esses projetos podem também ser denominados complementares, quando a aceitação de um depender da aprovação de um ou mais projetos em análise. Nesse caso, o indicador mais adequado para a classificação dos projetos, para fins de tomada de decisão, é o ILL, como também será mostrado no capítulo 4.

Resumo do capítulo

Este capítulo apresentou uma introdução à análise de projetos, para que o leitor entenda a complexidade da tomada de decisão financeira, tanto para investidores individuais quanto para os acionistas de empresas, e tenha o ponto de partida para o entendimento de todos os assuntos relacionados que serão tratados em todos os capítulos deste livro.

O capítulo seguinte abordará a questão da estreita relação existente entre os riscos inerentes ao mundo financeiro e as expectativas de retorno dos investidores de capital, a partir da apresentação dos conceitos da taxa de retorno exigida para o capital próprio e do custo do capital do projeto ou empresa.

2
O custo do capital e a taxa de desconto

O presente capítulo trata de dois temas estruturais para a análise de projetos de investimento: a taxa do custo do capital e a taxa de desconto apropriada para os métodos quantitativos de avaliação de projetos, que incorpora a relação entre risco e retorno. Essa relação, também denominada binômio risco *versus* retorno, conjuga dois conceitos dependentes entre si e é considerada um fundamento básico para qualquer investidor, individual ou corporativo, pois parte do princípio de que não se pode esperar investir sem risco e obter grandes retornos e nem esperar grandes retornos sem entrar num ambiente de risco.

O custo de capital é um tema que também utiliza o binômio risco *versus* retorno em virtude de presumir o retorno financeiro dos investidores de capital e por versar sobre a consensual teoria de precificação de ativos financeiros, conhecida pela sigla em inglês CAPM (*capital asset pricing model*), além de adotar o custo médio ponderado do capital (*weighted average cost of capital* – WACC), quando a estrutura de capital da empresa possui capital de terceiros. Ambos os temas deste capítulo têm grande influência na definição da referida taxa de desconto apropriada, mais conhecida como taxa mínima de atratividade (TMA). Este capítulo está baseado na obra de Cury e colaboradores (2017), visto que serve como base para a definição do custo do capital próprio e do custo médio ponderado do capital, elementos fundamentais da TMA para o cálculo dos métodos quantitativos de avaliação de projetos de investimento mostrados no capítulo 4.

A taxa mínima de atratividade

A determinação da TMA tem como base a regra do binômio risco *versus* retorno, ou seja, quanto maior o risco associado a um projeto de investimento, maior será o retorno esperado ou desejado, e, por outro lado, quanto maior o retorno esperado ou exigido em um projeto de investimento, maior será a exposição do investidor ao risco.

A TMA corresponde à taxa mínima de retorno ou, simplesmente, taxa de atratividade, e pode ser definida como a taxa de retorno de um projeto, abaixo da qual os investidores, individuais ou corporativos, não a devem considerar atrativa para remunerar o capital a ser investido.

Em virtude da dificuldade de percepção e mensuração dos diversos tipos de riscos mercadológicos e concorrenciais, bem como dos riscos de mudança nas políticas econômica, cambial, monetária e tributária, e os riscos internacionais, inclusive o risco soberano do país, a formação da TMA agrega também grande dose de subjetividade. Dessa forma, devemos ter cuidado para não arbitrarmos uma grande parcela de risco à TMA, prática que pode resultar em uma taxa de desconto inadequada e superdimensionada, que implicará VPL menor, até mesmo negativo, afetando significativamente a indicação de viabilidade do projeto em análise. Quanto maior a TMA, maior será o nível de exigência de remuneração do capital investido no projeto e menor será a expectativa de geração de riqueza do projeto, indicada pelo VPL. Por isso, o investidor deve ter o conhecimento técnico e ser cuidadoso com a determinação da TMA para que haja a adequada remuneração do capital aportado, diante dos riscos associados, para os investidores, e, ao mesmo tempo, o projeto possa gerar valor para a empresa, em decorrência de prometer um resultado financeiro superior ao custo do capital.

Como o investidor ou acionista participam da definição da TMA, existe alguma subjetividade, devido à experiência, capacidade financeira, aversão ou afeição ao risco e expectativas de retorno do capital investido envolvidas no processo, o que, invariavelmente, acarreta exigência de recompensa maior ou menor.

Segundo Carvalho (2002), a definição de uma TMA sofre fortes influências de fatores como experiência, capacidade financeira, aversão ou afeição ao risco e expectativas de retorno do empreendedor, cujas intensidades levarão a maior ou menor exigência de recompensa pelos investidores de capital.

Geralmente, devemos aceitar a existência de uma taxa básica de juros sem risco, para funcionar como ponto de partida para a definição das TMAs da maioria dos projetos de investimento, cuja característica é idêntica à taxa livre de risco adotada no modelo CAPM, como será mostrado adiante, neste capítulo.

O mercado aceita os títulos da dívida pública, as cadernetas de poupança e alguns fundos de renda fixa como aplicações praticamente sem risco, cujas taxas de juros oferecidas podem ser chamadas de taxa básica de juros, conforme mostra o ponto A da figura 4.

A figura 4 ilustra a ideia conceitual do binômio risco *versus* retorno, onde o eixo das ordenadas recebe a taxa de juros exigida, que se confunde com o conceito da TMA, comentado anteriormente, e o eixo das abscissas indica o nível de risco percebido, medido ou atribuído ao projeto de investimento. Podemos observar que um nível de risco maior corresponde a exigência maior para a TMA, que vai ao encontro do princípio básico do binômio risco *versus* retorno.

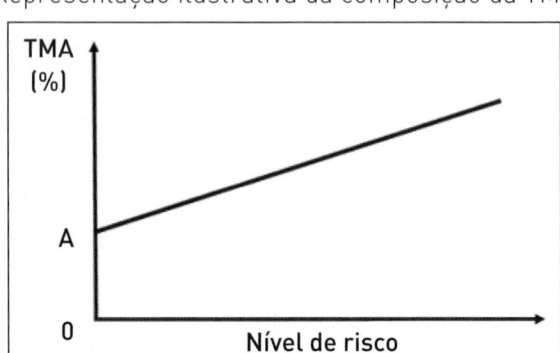

Figura 4
Representação ilustrativa da composição da TMA

```
TMA
(%)




       A


       0                  Nível de risco
```

Os projetos de investimento podem ser financiados de duas maneiras: com 100% de capital próprio ou por capital misto, ou seja, parte de capital próprio e parte de capital de terceiros. Capital próprio são os recursos financeiros aportados pelos proprietários, acionistas, a geração de caixa da própria empresa, as emissões de ações ordinárias ou preferenciais e os reinvestimentos ou retenções de lucros. O capital de terceiros é caracterizado pelos recursos financeiros decorrentes de empréstimos ou financiamentos, internos ou externos, concedidos por bancos comerciais ou de fomento, de lançamentos de debêntures ou de adiantamentos de clientes. Cada uma dessas fontes de recursos tem um custo financeiro que reflete as expectativas de risco e retorno de longo prazo dos financiadores.

Esse custo é conhecido no mercado como custo de capital e pode ser considerado a TMA mais apropriada para a avaliação de projetos de investimento empresariais. A TMA referenciada pelo custo de capital da empresa serve também como taxa de desconto para o cálculo do VPL dos projetos de investimento em análise e é determinante para o *go or no go decision*.

Damodaran (2009) recomenda o custo de capital como a taxa de desconto adequada, ou seja, a TMA, para o cálculo do VPL dos fluxos de caixa futuros esperados dos projetos de investimento, com o propósito de avaliação e consequente tomada de decisão de implementação dos mesmos.

Estrutura de capital de um projeto de investimento

O custo do capital é importante na análise de projetos de investimento, e os investidores ou acionistas demonstram grande interesse em conseguir o mínimo custo para seus recursos financeiros aportados nos projetos, uma vez que o capital é um fator de produção e existe a necessidade de determinar tal custo.

O aporte de recursos financeiros em projetos de investimento requer a tentativa de encontrar a melhor estrutura possível de capital da empresa, de modo que possa ser oferecido aos proprietários, acionistas, investidores e financiadores o retorno exigido por eles e, ao mesmo tempo, haja a maximização da riqueza da empresa.

A estrutura de capital de um projeto de investimento é composta por capital próprio e de terceiros, ou seja, respectivamente, capital dos acionistas da empresa, representado pela letra E, do inglês *equity* (capital próprio) e capital tomado na forma de empréstimos, financiamentos ou algum outro meio de captação de recursos que pagam juros, representado pela letra D, do inglês *debt* (dívida). Doravante, os custos do capital próprio e de terceiros serão expressos na forma de taxas de dividendos e taxa de juros, em percentuais, respectivamente, pelas notações k_e e k_d.

O custo do capital de terceiros é baseado nas taxas praticadas no mercado financeiro, e o custo do capital próprio é definido pelas expectativas de retorno dos acionistas da empresa, com base nas características dos projetos futuros e no conceito do custo de oportunidade e do binômio risco *versus* retorno.

Segundo Damodaran (2009), o custo de capital de um projeto de investimento pode ser definido como a média ponderada dos custos financeiros das diversas formas de financiamento utilizadas para prover suas necessidades financeiras, incluindo dívidas, capital próprio e títulos híbridos. Em outras palavras, podemos calcular estimativamente o custo de capital de um projeto simplesmente pelo somatório de todas as suas fontes de financiamentos, próprias ou de terceiros, segundo a participação percentual de cada uma delas no capital total a ser investido.

Essa forma de estimativa do custo do capital recebe a denominação de custo médio ponderado do capital, mais conhecido pela sigla CMPC, tradução literal de *weighted average cost of capital* (WACC). A seguir, mostraremos mais detalhadamente as formas de determinação dos componentes do CMPC, ou seja, as estimativas dos custos do capital próprio e de terceiros dos projetos e a aplicação do custo de capital como taxa de desconto para o cálculo do VPL.

Determinação do custo do capital próprio

A determinação do custo do capital próprio, que seria melhor aludida como a estimativa da taxa de retorno exigida pelos acionistas, é um pouco mais complexa do que no caso da dívida (capital de terceiros), como será visto adiante, porque os benefícios futuros e o valor de mercado dos títulos são, em geral, menos explícitos.

Costa, Costa e Alvim (2010) afirmam que o custo do capital próprio existe e reflete as expectativas subjetivas de retorno dos acionistas, além de ser maior do que o custo do capital de terceiros, em virtude de seu maior risco de ser alcançado.

O custo do capital próprio deve ser maior que o custo do capital de terceiros em decorrência da natureza do binômio risco *versus* retorno, que impõe àquele envolvido em situação de maior risco maior cobrança ou exigência de mais remuneração para enfrentar esse risco. No mercado financeiro, o capital próprio é considerado mais arriscado em razão de ser um aporte de recursos realizado com base em expectativas futuras de fluxos de caixa positivos, além de não possuir garantias legais de recuperação, pois está atrelado ao sucesso do projeto, e, no caso de sucesso, levar mais tempo para ser retornado. Já o capital de terceiros é menos arriscado pelo fato de estar protegido por legislação específica e possuir garantias físicas e líquidas, tais como hipotecas, avais, contratos, fianças, entre outras garantias, que suportam eventuais inadimplências, além de não se encontrar vinculado diretamente ao sucesso do projeto.

Seguindo o conceito de custo de oportunidade, definido anteriormente, o custo do capital próprio é a melhor remuneração que o investidor poderia conseguir, empregando seu dinheiro numa aplicação alternativa. O custo do capital próprio seria a rentabilidade mínima exigida por um investidor para suas aplicações ou a melhor oportunidade de aplicação que ele alternativamente teria em relação a outro projeto proposto.

Esse procedimento é bom para empresas com apenas um proprietário, ou com número limitado de sócios, em que podemos considerar cada um como uma fonte de capital próprio. Quando o capital da empresa é aberto, entendemos ser impossível fazer isso e, então, devemos voltar a pensar em benefícios futuros e valor de mercado de títulos. A maioria dos autores da área de finanças recomenda, para a estimativa do custo de capital próprio de uma empresa, o CAPM, que funcionará como taxa de desconto para o cálculo dos métodos quantitativos, principalmente o VPL.

O modelo de precificação de ativos financeiros, tradução para o português do CAPM, tem grande aceitação em finanças como o mecanismo mais adequado para a determinação ou estimativa do custo do capital próprio, que pode ser atrelado ao conceito da TMA do acionista.

O CAPM segue o raciocínio intuitivo dos investidores ou acionistas quando aplicam capital no mercado de risco ou em projetos de investimento, conforme a introdução feita no capítulo 1, posto que sua formulação possui as duas parcelas evidentes da composição de uma TMA, que são a taxa de juros livre de risco, ou com o mínimo risco possível, disponível para o investidor, e uma taxa de juros compensatória, arbitrada ou estimada, pelo risco associado ao investimento.

Assaf Neto (2015) confirma a aplicação do CAPM para a apuração da taxa de retorno exigida pelos investidores e acionistas, ou seja, a TMA para o capital próprio, no âmbito das análises de projetos de investimento, apesar de ser um modelo teórico, baseado em hipóteses.

O CAPM pode ser representado matematicamente pela expressão a seguir e será utilizado neste trabalho para definir a taxa de retorno requerida para o capital próprio, referente a um projeto de investimento em condições de risco.

$$R = R_f + \beta \cdot (R_m - R_f) \qquad (2)$$

onde: R é a taxa de juros de retorno exigida como TMA do capital próprio (*required rate of return* ou *expected return*), que pode ser também representado por k_e ou k_0; R_f é a taxa de juros de títulos livres de risco (*risk-free rate of return*); $(R_m - R_f)$ é o prêmio de risco de mercado (*risk premium*); β é o coeficiente beta (medida de risco sistemático adotada neste trabalho).

Vale ressaltar que o *R* da expressão 2, originário do termo em inglês *return*, pode ser substituído pelas notações aqui convencionadas para os custos do capital próprio, ou seja, k_e ou k_0. Assim, a expressão 2 poderia ser mostrada, por exemplo, como $k_e = R_f + \beta \cdot (R_m - R_f)$.

Segundo Costa, Costa e Alvim (2010), a taxa de juros de títulos livres de risco (R_f) é difícil de ser estabelecida para o CAPM, pois somente os governos de economias maduras poderiam se aproximar das condições de certeza inerentes a esse tipo de taxa de juros. Todavia, existe um consenso no mercado de que as taxas de juros oferecidas pelos títulos emitidos pelo governo americano podem ser consideradas livres de risco.

No Brasil, os títulos do Tesouro Nacional, a caderneta de poupança e alguns fundos de renda fixa poderiam ser considerados taxas de juros livres de risco para utilização no CAPM, mas, diante da classificação de nosso país como uma economia não madura, Costa, Costa e Alvim (2010) recomendam como R_f a taxa de juros livre de risco dos EUA, com um adicional do risco Brasil (*country risk*). Em suma, o R_f deve ser estimado com base em títulos que proporcionem retornos esperados "certos", na visão dos acionistas, cotistas e investidores, dentro do horizonte de tempo de análise do projeto em estudo.

A parcela $(R_m - R_f)$, referente ao prêmio de risco de mercado, depende da fixação do retorno esperado da carteira de mercado (R_m), que é uma carteira teórica de referência de mercados de capitais, bolsas de valores e bolsa de mercadorias, composta por certa quantidade das ações mais negociadas em períodos variáveis, de forma simplificada, cuja finalidade é formar um índice representativo do desempenho médio das cotações do mercado considerado. Esse índice permite um panorama geral de como as ações das principais empresas de capital aberto estão se comportando, bem como proporciona uma percepção da conjuntura política e econômica do país e do mundo. No caso brasileiro, o principal índice que mede a performance das ações das empresas nacionais de capital aberto é o índice Bovespa (Ibovespa), da bolsa de valores brasileira BM&F Bovespa (Bolsa de Valores, Mercadorias e Futuros), localizada em São Paulo.

Dessa forma simplificada, o R_m deve refletir, teoricamente, o retorno exigido por investidores para compensar o risco que estão assumindo no mercado de ações, funcionando como um retorno adicional à taxa livre de risco, dado que o prêmio de risco de mercado é representado pela diferença entre R_m e R_f. Os portais especializados em mercado acionário fornecem os prêmios de mercado das principais bolsas do planeta.

O principal elemento do CAPM é o coeficiente β, que corresponde à medida de risco que indica quanto o retorno de uma determinada ação sofre pela influência do risco sistemático, isto é, o risco de mercado. Esse risco deve ter como referência comparativa a rentabilidade da carteira de mercado R_m (Costa, Costa e Alvim, 2010).

O coeficiente β é o elemento-chave do CAPM, pois indica o risco sistemático de ativos financeiros, como as ações de empresas negociadas nas bolsas de valores, com base no coeficiente angular da reta de regressão linear das variações desses ativos financeiros sobre as variações da carteira de mercado R_m. Por definição, a carteira de mercado R_m possui um beta igual a 1,0, que representaria, na prática, a comparação da evolução dessa carteira sobre ela mesma, ou seja, se o mercado subir 10%, essa ação tenderia a subir também 10%, e se o mercado cair 5%, essa ação tenderia a cair 5% (Brigham, Gapenski e Ehrhardt, 2001).

O coeficiente β mede a sensibilidade de um ativo em relação aos movimentos do mercado e podemos considerá-lo uma medida da volatilidade desse ativo em relação ao mercado como um todo. Dessa forma, quando o β de uma ação for muito próximo de 1,0, devemos entender que essa ação vem se movimentando na mesma direção da carteira de mercado, em termos de retorno esperado, ou seja, o risco da ação encontra-se bem similar ao risco sistemático do mercado.

No caso de uma ação com β maior que 1, devemos perceber que essa ação vem apresentando uma volatilidade maior do que a carteira de mercado, podendo ser considerada um investimento "agressivo". Por exemplo, uma carteira de ações com β igual a 1,5, apresenta uma tendência de variar 50% acima ou abaixo da carteira do mercado.

Assim, se o mercado apresentar um crescimento de 10%, essa carteira de ações tenderá a crescer 15%, mas, por outro lado, se o mercado cair 5%, essa carteira tende a se desvalorizar 7,5%.

Quando o β for inferior a 1, temos um ativo considerado "defensivo", que vem demonstrando um risco sistemático menor que a carteira de mercado. Por exemplo, uma ação com β igual a 0,60 e o retorno de mercado de 8%, tende a atingir um retorno de 4,8%, mas, no caso de um retorno negativo da carteira de mercado de 6%, o retorno da ação tende a cair 3,6%.

A utilização do CAPM como base de cálculo para a determinação do custo do capital próprio produz uma taxa de retorno potencial exigida para as ações ou cotas da empresa, ou seja, a TMA, como mencionado anteriormente.

O exemplo 5 mostra a utilização do CAPM para a determinação do custo do capital próprio de uma empresa sociedade anônima, de capital aberto, com ações negociadas no mercado. A taxa de juros R representa a TMA para os acionistas dessa empresa nas tomadas de decisão em projetos de investimento.

Exemplo 5

As ações da Comercial Continental S.A. registram um beta histórico de 0,86. A taxa livre de risco considerada é de 4% ao ano e a expectativa dos investidores para a carteira de mercado é de 8,5% ao ano. Determine a taxa mínima exigida pelos acionistas da Comercial Continental S.A., utilizando o CAPM.

β = 0,86; R_f = 4% a.a.; R_m = 8,5% a.a.

Utilizando o CAPM, pela expressão 2:

R = R_f + β . (R_m − R_f) = 4% + 0,86 . (8,5% − 4%)

R = 7,87% a.a. ◄ k_e ou TMA estimada da Comercial Continental S.A.

O retorno esperado dessa ação deve ser, no mínimo, igual a 7,87% ao ano, que representa o custo do capital próprio da Comercial Continental S.A. (k_e) e pode ser utilizada como a TMA dos acionistas.

No caso da aplicação do CAPM para a estimativa do custo de capital de empresas sociedades anônimas de capital fechado ou empresas de sociedade limitada com cotas de responsabilidade, o trabalho de Cury e colaboradores (2017) sugere a adoção de coeficientes betas de empresas comparáveis, atuantes na mesma atividade econômica e que tenham ações negociadas em bolsas de valores. Na mesma obra, encontraremos uma abordagem mais detalhada sobre o CAPM e sua base conceitual.

Para a avaliação de projetos de investimento, o CAPM tem grande relevância na definição da TMA do capital próprio, atuando como taxa de desconto para os cálculos do valor presente líquido (VPL), valor presente líquido anualizado (VPLA), *payback* descontado (PBD) e índice de lucratividade líquida (ILL) e como referência para comparação com a taxa interna de retorno (TIR) e a taxa interna de retorno modificada (TIRM), conforme será mostrado no capítulo 4.

Determinação do custo do capital de terceiros

O capital de terceiros é a parcela do capital total da empresa que engloba todas as obrigações com pessoas físicas e jurídicas, exceto seus próprios acionistas. Tais obrigações incluem empréstimos bancários, financiamentos, fornecedores, debêntures, entre outras formas de captação de recursos financeiros (Kato, 2012).

Segundo Brigham, Gapenski e Ehrhardt (2001), para estimarmos o custo da dívida, precisamos, primeiramente, determinar a taxa de retorno que os detentores dessa dívida requerem, ou seja, a taxa de juros cobrada, representada *por* k_d. Entretanto, a taxa de juros k_d não é igual ao custo efetivo da dívida da empresa, porque os juros são dedutíveis para fins de imposto de renda (IR). Como resultado, o custo do capital de terceiros para a empresa será menor do que a taxa de juros de retorno requerida pelos detentores desses títulos de dívida, conforme será mostrado adiante.

Como dissemos anteriormente, os juros das dívidas podem ser dedutíveis do lucro tributável e, assim, influenciar o cálculo do IR. Dessa forma, calculamos o custo da dívida, ou seja, as despesas financeiras incidentes, deduzindo-se, dos benefícios pagos à fonte, a redução de IR que a empresa tem por pagar juros. Isso resulta num custo, para a dívida, menor que a taxa de juros.

Para se calcular o custo do capital de terceiros, ou custo da dívida, com ou sem IR, deve-se montar o fluxo de caixa separando-se as entradas de capital, amortizações do principal e juros, e incluir as reduções de IR trazidas pelos juros, já que, para uma mesma taxa de juros e uma mesma alíquota de IR, o custo da dívida varia conforme a duração do empréstimo e o esquema de amortização. Uma expressão aproximada para o cálculo do custo líquido da dívida é a seguinte:

$$k'_d = k_d \cdot (1 - IR) \tag{3}$$

onde: k_d representa a taxa bruta do custo do capital de terceiros; k'_d é a taxa líquida de juros do empréstimo ou financiamento, ou seja, do capital de terceiros, considerando o benefício do IR; e IR é a alíquota do imposto de renda, na forma unitária.

Chamamos a atenção para o fato de que essa forma de cálculo da taxa do custo do capital de terceiros somente é válida para o caso de empresas no regime tributário do lucro real. No caso de empresas isentas de pagamentos tributários ou que estejam no regime do lucro presumido, o benefício do IR não existe. Os regimes tributários dos lucros real e presumido serão mostrados adiante.

O exemplo 6 mostra a determinação do custo líquido do capital de terceiros.

> **Exemplo 6**
> A Delícia Alimentos Ltda. obteve um financiamento de R$ 500 mil para pagar, no prazo de um ano, o montante de R$ 550 mil. Sabendo-se que o custo bruto da dívida é de 10% ao ano e a alíquota do imposto de renda é de 30%, determine o custo líquido dessa dívida para a empresa.
> Com utilização da expressão 3:
> k_d = 10% a.a.
> $k'_d = k_d \cdot (1 - IR)$ = 10% . (1 – 0,30) = 7% a.a. ◄ custo líquido da dívida para a Delícia Alimentos Ltda.
>
> A entrada do principal não tem influência no lucro tributável, assim como a sua amortização, porém o pagamento de R$ 50 mil de juros é dedutível, e reduz em R$ 15 mil o IR a pagar. Por isso, o custo líquido da dívida cai para 7% ao ano, levando-se em conta o IR.

Custo médio ponderado do capital

Damodaran (2009) afirma que a maioria das atividades financeiras corporativas utiliza uma combinação de dívida e capital próprio, sendo que o custo total do capital das empresas, intuitivamente, é a média ponderada dos custos dos diferentes componentes do financiamento usados para suprir suas necessidades financeiras.

Quando uma empresa utiliza uma estrutura de capital composta por recursos próprios e de terceiros, devemos tomar a média dos custos de ambas as fontes, ponderada consoante a participação de cada uma, a valores de mercado, como método para a determinação do custo do capital total. Em outras palavras, podemos aplicar o conceito de custo de capital de certa fonte, própria ou de terceiros, para determinar o custo do capital da empresa (ou de um projeto), simplesmente pelo somatório de todas as fontes, segundo a participação percentual de cada uma delas no capital total.

Uma boa estimativa do custo do capital da empresa é o custo médio ponderado do capital, mais conhecido pela sigla CMPC, que é a média ponderada dos custos das fontes de capital, usando como pesos os respectivos percentuais de participação de cada fonte no capital total da empresa ou do projeto. O CMPC, em inglês WACC (*weighted average cost of capital*), é muito usado como estimador do custo do capital, além de ter a grande vantagem de tornar desnecessária a explicitação dos benefícios futuros de todas as fontes.

Então, se a empresa, ou mesmo um projeto, possui n fontes de capital, com custos k_1, k_2, ..., k_n e valores de investimento, ou de capital, C_1, C_2, ..., C_n, o custo médio ponderado do capital será:

$$CMPC = \frac{C_1 \cdot k_1 + C_2 \cdot k_2 + ... + C_n \cdot k_n}{C} \quad (4)$$

onde: $C = C_1 + C_2 + ... + C_n$.

Dentro dessa sistemática, para determinarmos o custo do capital da empresa, é necessário identificar, em seu passivo, quais são suas fontes de capital, para em seguida determinar os custos dessas fontes e depois ponderá-los. No caso de apenas duas fontes de capital, uma de capital próprio, com custo k_e e participação percentual w_e, e outra taxa de capital de terceiros, com custo k_d e participação percentual w_d, a expressão passa a ter a seguinte forma:

$$CMPC = k_e \cdot w_e + k_d \cdot (1 - IR) \cdot w_d \quad (5)$$

onde: $w_e + w_d = 100\%$. O exemplo 7 mostra o cálculo do CMPC.

Brigham, Gapenski e Ehrhardt (2001) recomendam que as porcentagens dos componentes de capital da empresa, aqui chamados de pesos, sejam baseadas em valores contábeis, retirados dos balanços patrimoniais, em valores correntes de mercado dos componentes de capital ou com base na estrutura de capital-alvo da empresa ou do projeto em estudo. Ainda segundo esses autores, os pesos corretos são aqueles baseados na estrutura de capital-alvo da empresa ou projeto, uma vez que essa é a melhor estimativa para a forma como o dinheiro será levantado no futuro.

Em outras palavras, o CMPC pode ser considerado a taxa média de retorno exigida para os capitais próprios e de terceiros que financiarão as atividades e investimentos do projeto ou empresa em análise. No caso de análise de um projeto de investimento com fluxo de caixa desalavancado, ou seja, sem o serviço da dívida, amortizações do principal e juros, o CMPC será a taxa de desconto para os cálculos do valor presente líquido (VPL), *payback* descontado e índice de lucratividade líquida, como mostraremos adiante, nos capítulos 3 e 4. Nesse caso, a análise de um projeto com fluxo desalavancado, ou seja, que não considera o impacto do capital de terceiros, tem por finalidade o estudo da viabilidade potencial desse projeto como um todo, independentemente da forma como ele será financiado. Por isso, o CMPC é utilizado como taxa de desconto, pois já considera o benefício tributário do IR sobre o capital de terceiros, conforme mostra a expressão 5. No caso da avaliação de uma empresa que tem por base o fluxo de caixa desalavancado, o raciocínio é o mesmo, e o CMPC terá o papel da taxa de desconto para o cálculo do fluxo de caixa descontado, como mostraremos no último capítulo.

Exemplo 7

Um projeto da Botafogo Realizações Imobiliárias S.A. utilizará endividamento de longo prazo e financiamento de capital ordinário. Calcule o CMPC do projeto proposto com base nas seguintes informações: taxa de juros livre de risco de 5,5% ao ano; beta do capital ordinário de 0,85; prêmio de risco de mercado de 4,75% ao ano; custo esperado da dívida (antes do IR) de 8% ao ano; proporção financiada da dívida igual a 60%; alíquota marginal de IR de 30%.

Cálculo do custo do capital próprio pelo CAPM pela expressão 2:
$k_e = R_f + \beta \cdot (R_m - R_f) = 5{,}5\% + 0{,}85 \cdot (10{,}25\% - 5{,}5\%) = 9{,}54\%$ a.a.

Cálculo do custo médio ponderado do capital pela expressão 5:
$CMPC = k_e \cdot w_e + k_d \cdot (1 - IR) \cdot w_d$
$CMPC = 9{,}54\% \cdot 0{,}40 + 8\% \cdot (1 - 0{,}30) \cdot 0{,}60$
$CMPC = 7{,}18\%$ a.a. ◄ CMPC da Botafogo Realizações Imobiliárias S.A.

No caso da análise de um projeto com fluxo alavancado, ou seja, que contempla empréstimos ou financiamentos, e, por conseguinte, considera o impacto do capital de terceiros, não podemos, de forma alguma, utilizar o CMPC como taxa de desconto. Nessa situação, a taxa de desconto correta é a TMA do capital próprio, conforme mostrado anteriormente.

Resumo do capítulo

Neste capítulo, abordamos um tema altamente relevante em análise de projetos de investimento, que é o binômio risco *versus* retorno e sua relação com os preços dos ativos dentro da dinâmica do mercado, fundamental na definição da TMA.

O segundo tema discutido neste capítulo foi o custo de capital, quando apresentamos o modelo CAPM, explorando cada um de seus parâmetros, em particular o índice beta, que relaciona o retorno de um ativo com o retorno do mercado. Ainda sobre custo de capital, fizemos um detalhamento do custo de capital próprio e do custo de capital de terceiros, fechando com o custo médio ponderado de capital, que agrega todos os custos em relação às suas participações no custo total, considerando também o efeito da alíquota do IR nas despesas financeiras referentes ao capital de terceiros.

O próximo capítulo tratará da elaboração das estimativas dos fluxos de caixa, apresentando os fluxos de caixa do acionista e do projeto.

3
Fluxos de caixa de projetos de investimento

Este capítulo aborda dois assuntos muito relevantes para a análise de projetos de investimento. O primeiro assunto é o processo de determinação dos fluxos de caixa de projetos de investimento, ou seja, a definição do tipo de fluxo de caixa livre e suas regras básicas, com destaque para as elaborações dos fluxos de caixa do acionista e do projeto. O segundo assunto trata da análise do capital de giro, sua determinação e importância para a elaboração de fluxos de caixa de projetos de investimento. A base conceitual deste capítulo foi retirada de Cury e colaboradores (2017).

Elaboração dos fluxos de caixa

Como mencionado no capítulo 1, o fluxo de caixa consiste na indicação das entradas e saídas de recursos financeiros previstos e esperados de um projeto de investimento, alocadas em uma escala temporal, geralmente em termos anuais, durante um horizonte de tempo definido.

Segundo Brasil (2002), todos os elementos de um fluxo de caixa correspondem a valores monetários esperados no futuro, visto que os investimentos ainda não foram aportados, nem resultados esperados aconteceram, existindo, na realidade, apenas o projeto.

Um projeto de investimento pode ser analisado pelas óticas do agente empreendedor, da sociedade em que ele estará funcionando e interagindo, do agente financiador e da nação como um todo. Neste capítulo, abordaremos a análise de projetos pela ótica privada, ou seja, pelo ponto de vista do agente empreendedor, que pode assumir a denominação de acionista ou investidor.

Segundo Kato (2012), o fluxo de caixa de um projeto de investimento é uma ferramenta financeira utilizada para subsidiar a correta tomada de decisão, por parte dos acionistas e investidores, acerca de aportes de capital, que incluem os gastos a serem realizados em ativos permanentes, tais como obras civis, máquinas, equipamentos, terrenos, sistemas eletromecânicos, *softwares*, *hardwares*, entre outros. Esses investimentos carecem de análise financeira de modo a garantir que haja um retorno atrativo para os investimentos realizados.

Dessa forma, os fluxos de caixa, pela ótica privada, devem ser elaborados com base nos preços de mercado dos fatores de produção, que devem ser, obrigatoriamente, quantificados monetariamente e precisam ser alocados no tempo em que efetivamente está prevista sua ocorrência, isto é, no regime de caixa.

A seguir, são apresentados os princípios básicos para a elaboração de fluxos de caixa de projetos de investimento que devemos obedecer:

- adoção da convenção de final de período (modo *end*), em que os valores resultantes das entradas e saídas de caixa de um projeto de um período são alocados no final desse mesmo período;
- adoção da convenção de início de período (modo *begin*) para os investimentos, em contraposição ao caso das receitas e despesas, tal como acontece nas aplicações financeiras;
- adoção do regime de caixa, ou seja, todos os valores previstos, ao longo do tempo, ocorrerão efetivamente no tempo que estão alocados, pois analisamos os projetos com base no fluxo

de dinheiro previsto, no conceito financeiro, e não de lucros, que é um conceito contábil. Por exemplo, a depreciação de ativos sempre deverá ser considerada apenas para efeito do cálculo do IR e deve retornar para a composição do resultado líquido de cada período;
- adoção da ótica *com e sem o projeto* para a elaboração dos fluxos de caixa, denominada "fluxo incremental", de forma que ocorra sempre a comparação entre, pelo menos, duas opções, visto que sempre existirá a opção de nada fazer, ou seja, o *status quo*; os fluxos incrementais representam as mudanças que ocorrerão no fluxo da empresa em decorrência da decisão de aceitar o projeto, uma vez que precisamos saber a diferença entre os fluxos de caixa previstos com o projeto e os fluxos de caixa que ocorreriam caso a empresa decidisse não aceitar o projeto;
- admissão do fato de que a geração do lucro tributável e o pagamento do respectivo IR ocorrerão no mesmo período;
- desconsideração dos custos passados, do inglês *sunk cost*, também denominados custos enterrados ou irrecuperáveis, haja vista que tais custos já ocorreram no passado e não pertencerão ao fluxo de caixa futuro do projeto em análise, ou seja, esses custos não influenciarão a tomada de decisão de aprovação ou não do projeto;
- consideração da necessidade de capital de giro (NCG) para operação do projeto sob análise, de forma que as variações do fluxo comercial de curto prazo de cada período tenham suporte financeiro para garantir as ocorrências dos fluxos resultantes periódicos previstos, sem afetar a viabilidade do projeto como um todo;
- consideração do valor residual como elemento relevante na elaboração de fluxos de caixa, sempre o alocando no último período do horizonte de estudo;

- elaboração do fluxo de caixa a preços constantes, ou seja, em moeda constante, com uma data-base definida, preferencialmente, como será mostrado adiante. Essa técnica pressupõe que a inflação atuará igualmente sobre as receitas, despesas, custos, tributos e demais elementos do fluxo de caixa, anulando, portanto, seus efeitos, pois há sempre incerteza a respeito do comportamento futuro da inflação. Existe a opção da elaboração do fluxo de caixa a preços nominais, ou seja, em moeda nominal, conforme será mostrado adiante neste capítulo, apesar de não recomendarmos essa opção;
- definição do horizonte de estudo do projeto, geralmente, em anos, com base no conceito de vida útil de um projeto, ou seja, em função do intervalo de tempo em que se planeja manter o mesmo realmente em operação e até que ponto as estimativas e previsões são "possíveis". O fluxo de caixa de um projeto necessariamente terá horizonte de tempo finito;
- definição do tipo de ponto de vista do fluxo de caixa, que pode ser pela ótica do acionista ou pela ótica da empresa. Geralmente, a ótica do acionista tem a preferência dos analistas de projeto, e suas características serão mostradas adiante; a ótica da empresa é mais utilizada nas avaliações de empresa, como teremos a oportunidade de ver no último capítulo deste livro.

Principais elementos de um fluxo de caixa

Como veremos mais adiante, ainda neste capítulo, o fluxo de caixa de um projeto de investimento pode ser desagregado em muitos itens, desde que sejam obedecidas as regras mencionadas anteriormente e a ordem correta de suas principais rubricas. A seguir, apresentaremos um resumo das principais rubricas que fazem parte de um fluxo de caixa genérico.

Horizonte de estudo

Os métodos de avaliação de projetos de investimento têm por base a comparação entre a magnitude dos aportes de capital e os resultados líquidos esperados durante certo intervalo de tempo, denominado horizonte de planejamento (Clemente et al., 2008).

O horizonte de planejamento pode ser encontrado por outras denominações, tais como: horizonte de estudo, horizonte de projeto ou prazo de análise. Independentemente de sua denominação, não existe uma regra básica, nem uma fórmula, para o cálculo do horizonte de um projeto de investimento, que pode ser definido por decisão estratégica da empresa, em decorrência das características físicas dos ativos do projeto ou por consenso setorial.

Como mencionado, o fluxo de caixa de um projeto de investimento deve ser finito, ou seja, com horizonte de tempo definido, geralmente dividido em períodos anuais.

Dependendo de suas naturezas, os projetos podem apresentar horizontes de estudo de todas as ordens. Por exemplo, de modo geral, os horizontes de estudo podem chegar a 50 anos para projetos de usinas hidroelétricas, entre 20 e 30 anos para rodovias e ferrovias, entre 10 e 15 para indústrias, cinco anos para negócios de comércio varejista e entre um e três anos para projetos sujeitos a mudanças tecnológicas.

Segundo Clemente e colaboradores (2008), quanto mais longo for o horizonte de tempo definido para um projeto, certamente mais imprecisas serão as previsões para seu fluxo de caixa, bem como menos impacto sobre a avaliação financeira do projeto, em termos de valor presente, terão as receitas e custos alocados em tempos muito distantes do presente.

Investimentos

Para que possamos iniciar a análise de um projeto, precisaremos levantar detalhadamente todos os investimentos necessários para sua implementação futura, com o objetivo de quantificarmos os valores a serem aportados, tanto no instante inicial quanto ao longo do horizonte de estudo definido para o projeto.

Os investimentos em capital fixo, chamados em inglês de *capital expenditures* (Capex), incluem bens materiais, móveis e imóveis, como máquinas, equipamentos, veículos, terrenos, móveis, utensílios, entre outros; bens imateriais, como marcas e patentes, e despesas pré-operacionais. Todos esses investimentos estão sujeitos a depreciação e amortização, em termos contábeis, conforme a legislação tributária vigente e respectivas taxas classificadas pela Receita Federal.

Os investimentos em projetos podem ser realizados por meio de recursos próprios dos acionistas e investidores (*equity*), de forma integral, ou de forma mista, com a participação de recursos próprios e recursos de terceiros (*debt*), ou seja, com a tomada de empréstimos bancários ou financiamentos de organismos de fomento. Os projetos de investimento que contam com a participação do capital de terceiros são considerados alavancados.

A montagem do quadro de usos e fontes do projeto tem o objetivo de ajudar na elaboração de seu fluxo de caixa, cuja configuração destaca os investimentos totais e como eles são financiados, como mencionado acima: integralmente por recursos próprios, ou seja, com 100% *equity*, ou com a participação de recursos de terceiros, isto é, com E% *equity* e (100-E)% *debt*.

Apresentamos a seguir um modelo de quadro de uso e fontes para um projeto hipotético que utiliza uma proporção D/E (*debt/equity*) de 30/70, ou seja, 30% de capital próprio e 70% de capital de terceiros, para todo o horizonte de estudo (quadro 2). Contudo, nada impede que um projeto preveja diferentes relações D/E ao longo do horizonte de estudo. Alertamos que o quadro de uso e fontes aqui mostrado é estritamente financeiro e de grande relevância para a elaboração do fluxo de caixa de um projeto de investimento, e não deve ser confundido com a extinta demonstração das origens e aplicações de recursos (Doar), documento contábil obrigatório até o final de 2007, mas abolido desde o início de 2008, por força de lei.

Quadro 2
Modelo genérico de quadro de uso e
fontes de um projeto hipotético

Moeda: R$. 10^3 (maio 2017)

	Discriminação	Ano				Total
		0	1	2	3	
	USOS	2.905,00	1.930,00	1.410,00	930,00	7.175,00
1.	Despesas pré-operacionais	105,00	280,00	310,00	80,00	775,00
2.	Terreno	800,00				800,00
3.	Máquinas e equipamentos	650,00	–	250,00	–	900,00
4.	Veículos	150,00	150,00	–	–	300,00
5.	Obras civis	1.200,00	1.500,00	850,00	850,00	4.400,00
	FONTES	2.905,00	1.930,00	1.410,00	930,00	7.175,00
1.	Recursos próprios (30%)	871,50	579,00	423,00	279,00	2.152,50
2.	Recursos de terceiros (70%)	2.033,50	1.351,00	987,00	651,00	5.022,50

Valor residual

O conceito de valor residual em análise de projetos diz respeito ao valor previsto para a recuperação parcial dos investimentos em ativos físicos realizados no início e ao longo do horizonte de tempo previsto para o projeto.

O valor residual previsto de um ativo não deve ser confundido com seu valor contábil, também conhecido como *book value*, pois se refere a um valor estimado de mercado, ao final do horizonte de estudo do projeto. Devemos alocar o valor residual necessariamente no último período do fluxo de caixa, como uma entrada de caixa, já considerado o IR incidente sobre essa possível venda, como será mostrado adiante nas planilhas de fluxos de caixa.

Para um melhor entendimento do conceito de valor residual, sabemos que equipamentos, máquinas, veículos e outros ativos, mesmo após anos de utilização, podem conseguir um valor de revenda no mercado, ou seja, podem ter um valor residual, que é estimado por um percentual do valor de aquisição do ativo. No caso de ativos que serão submetidos a condições pesadas de trabalho, por um longo tempo, dependendo das características físicas e operacionais desse ativo, seu valor residual pode ser considerado nulo.

Financiamento

Quando os projetos de investimento são alavancados, os recursos de terceiros são provenientes, na maioria das vezes, de empréstimos bancários, lançamento de debêntures ou linhas de financiamento de organismos de fomento.

No Brasil, os empréstimos e financiamentos, em geral, adotam três sistemas de amortização, o sistema de amortização constante (SAC), o sistema francês de amortização (Price) e o sistema americano da amortização (SAA).

O SAC é muito utilizado em linhas de financiamento nacionais e internacionais de bancos de fomento, de longo prazo, bem como pelo sistema financeiro de habitação brasileiro, e suas parcelas, também chamadas de prestações, são sucessivas e decrescentes em progressão aritmética, com os valores das parcelas compostos por juros decrescentes e amortizações constantes do capital.

O sistema Price é utilizado em todos os setores financeiros, principalmente nas compras a prazo de bens de consumo, através do crédito direto ao consumidor, e também no sistema financeiro de habitação brasileiro. Suas prestações são iguais e sucessivas, com os valores das parcelas compostos por juros decrescentes e amortizações crescentes do capital. O cálculo é baseado numa série uniforme de pagamentos, a juros compostos.

O SAA é utilizado em operações de curto prazo e financiamentos da dívida pública, por meio de títulos do governo. Nele, os juros são pagos durante o período do empréstimo ou financiamento e o principal é amortizado integralmente ao final da operação. Existe uma variação do SAA, na qual não há o pagamento periódico dos juros, e a quitação do empréstimo ou financiamento ocorre somente no final do prazo da operação, quando são pagos os juros acumulados e a amortização integral do principal. Esse sistema é denominado sistema de pagamento único e sua aplicação pode ser encontrada em letras de câmbio, certificados a prazo fixo, tipo CDB, e títulos descontados.

O exemplo 8 apresenta o financiamento hipotético de um capital, com a simulação do serviço da dívida, ou seja, a planilha com as amortizações, juros e parcelas, pelos sistemas SAC e Price.

ANÁLISE DE PROJETOS DE INVESTIMENTO

Exemplo 8

Simule o financiamento do capital de R$ 100 mil, data-base de maio de 2017, pelo SAC e Price, a uma taxa de juros de 2,5% ao mês, pelo prazo de quatro meses.

Sabemos, da matemática financeira, que: PMT (parcela) = amortização + juros (PMT = A + J).

A planilha do SAC deve ser iniciada pelo cálculo das amortizações constantes:
A = 100.000,00 / 4 = 25.000,00/mês

Os juros incidem sobre o saldo devedor: J_1 = 100.000,00 × 2,5% = 2.500,00

Parcela do primeiro mês: PMT_1 = 25.000,00 + 2.500,00 = 27.500,00

Saldo devedor do primeiro mês: $SD_1 = SD_0 - A_1$ = 100.000,00 – 25.000,00 = 75.000,00

SAC

Mês	Saldo devedor	Amortização	Juros	Parcela PMT
0	100.000,00			
1	75.000,00	25.000,00	2.500,00	27.500,00
2	50.000,00	25.000,00	1.875,00	26.875,00
3	25.000,00	25.000,00	1.250,00	26.250,00
4	0,00	25.000,00	625,00	25.625,00

A planilha do Price deve ser iniciada pelo cálculo das prestações constantes, com utilização da fórmula da matemática financeira referente à série uniforme de pagamentos (função PGTO ou PMT):

PMT = PV × {[k.$(1+ k)^n$] / [$(1+k)^n -1$]} = 100.000,00 × {[0,025.$(1+ 0,025)^4$] / [$(1+ 0,025)^4 -1$]} = 26.581,79

Os juros incidem sobre o saldo devedor: J_1 = 100.000,00 × 2,5% = 2.500,00

Amortização do primeiro mês: A_1 = PMT – J_1 = 26.581,79 – 2.500,00 = 24.081,79

Saldo devedor do primeiro mês: $SD_1 = SD_0 - A_1$ = 100.000,00 – 24.081,79 = 75.918,21

Price

Mês	Saldo devedor	Amortização	Juros	Parcela PMT
0	100.000,00			
1	75.918,21	24.081,79	2.500,00	26.581,79
2	51.234,38	24.683,83	1.897,96	26.581,79
3	25.933,45	25.300,93	1.280,86	26.581,79
4	0,00	25.933,45	648,34	26.581,79

Receitas

Como mostraremos adiante, a rubrica das receitas pode ser considerada fundamental para elaboração do fluxo de caixa de um projeto de investimento porque reflete as previsões da geração de caixa que demonstrará, ou não, a capacidade de o projeto pagar todos os seus custos operacionais, despesas administrativas, financeiras, tributárias e demais gastos, recuperar os investimentos de capital, remunerar as exigências de rentabilidade dos acionistas, devolver os recursos de terceiros e criar riqueza para a empresa.

A rubrica das receitas pode ser subdividida em receitas de vendas ou receitas operacionais, receitas acessórias ou receitas não operacionais e receitas líquidas, com abatimento dos tributos incidentes e eventuais percentuais de inadimplência.

As previsões das receitas dependem diretamente do estudo de mercado do projeto, como será mostrado adiante. Basicamente, os valores das receitas alocados no fluxo de caixa são calculados pelas quantidades de vendas previstas multiplicadas pelos respectivos preços unitários previstos.

Custos operacionais

De um modo geral, os custos operacionais, conhecidos em inglês por *operational expenditures* (Opex), que englobam os custos relacionados à produção dos bens ou serviços, fixos e variáveis, tais como recursos humanos, insumos, matérias-primas, energia, transporte, administração, manutenção e outros gastos envolvidos.

Depreciação e amortização

A depreciação é um "custo operacional" sem qualquer desembolso, ou seja, sem saída de caixa a ser considerada, que pode ocorrer por desgaste físico, ação do tempo, obsolescência tecnológica ou outras causas. Podemos também definir a depreciação como uma redução no valor de um ativo físico com o decorrer do tempo, devido às causas citadas.

Em outras palavras, a depreciação é uma despesa contábil que representa as perdas de valor de ativos tangíveis ao longo do tempo, como máquinas, equipamentos, veículos, imóveis, entre outros.

Nas análises de projetos de investimento, a depreciação funciona como uma fonte de recursos para as operações da empresa, ou melhor, como uma provisão para a reposição ou substituição de ativos físicos.

A legislação brasileira regulamenta a depreciação anual de ativos pelo método da linha reta, ou depreciação linear, a partir da fixação de taxas limites anuais de depreciação. Essas taxas definem o prazo contábil para a depreciação dos ativos e, por conseguinte, a carga anual constante a ser considerada. Podemos citar algumas taxas de depreciação, definidas pela legislação: 10% para móveis e utensílios, 10% para máquinas e acessórios industriais, 20% para veículos e 4% para edifícios e construções. Recomendamos a confirmação dessas taxas, e também conhecer as taxas de outros tipos de ativos, no sítio oficial da Receita Federal.

Essas taxas de depreciação linear definem o prazo contábil do ativo. Por exemplo, um veículo com valor inicial previsto de R$ 100 mil, cuja taxa de depreciação é de 20% ao ano, poderá ser depreciado em cinco anos. Assim, a carga de depreciação desse veículo a ser considerada no fluxo de caixa do projeto corresponde a R$ 20 mil, por ano.

Ainda dentro do mesmo conceito tributário da depreciação, existe a amortização de ativos intangíveis, como marcas e patentes, por exemplo, que também é uma despesa contábil que representa as perdas de valor desses tipos de ativos ao longo do tempo. A amortização também é calculada pelo método linear. Não devemos confundir a amortização de intangíveis com a amortização de empréstimos e financiamentos, que são conceitos totalmente diferentes, visto que esta última é a devolução do capital principal dos recursos de terceiros, que não possui benefício fiscal algum.

Como não resultam em desembolsos de caixa efetivos, a depreciação e a amortização devem ser alocadas no fluxo de caixa como saídas de caixa, antes do cálculo do IR, apenas para servir como benefício tributário para a redução desse tributo, no caso do regime de tributação pelo lucro real. Dessa forma, os valores da depreciação e amortização devem ser retornados ao fluxo de caixa como valores positivos, após o cálculo do IR, como será visto adiante.

Tipos de moeda do fluxo de caixa

Na análise de projetos de investimento, existem dois tipos de moeda para a elaboração de fluxos de caixa: a moeda constante e a moeda nominal.

Moeda constante

A moeda constante, também chamada de moeda real, está obrigatoriamente vinculada a uma data-base, ou seja, tem uma referência temporal fixa para que haja sempre a possibilidade de comparação entre valores a qualquer tempo, para fins analíticos. Quando trabalhamos com moeda constante, não estamos desconsiderando a inflação do país; apenas estamos preservando o poder de compra da moeda para efeito comparativo, sem embutir sua expectativa nos valores do fluxo de caixa.

Alertamos para que não haja confusão do conceito de moeda real com a denominação da moeda em vigor em nosso país, o real. O conceito de moeda real ou constante serve para qualquer moeda, em qualquer país, independentemente da conjuntura inflacionária em vigor.

No Brasil, muitas pessoas ainda acreditam que o dólar americano seja uma moeda constante e que pode ser utilizada nos fluxos de caixa para eliminar os efeitos da inflação de nossa economia. Isso não é verdade, pois o dólar americano também sofre os efeitos inflacionários da economia americana e, aqui no Brasil, não pode ser considerado moeda, mas apenas uma referência monetária, cujas cotações diárias pouco têm a ver com a inflação brasileira, pois suas variações dependem basicamente do mercado de oferta e procura da moeda americana, balança comercial e obrigações e pagamentos internacionais.

O dólar americano não pode ser utilizado nos fluxos de caixa para eliminar os efeitos da inflação de nossa economia.

Nas análises de projetos de investimento, há a necessidade de comparações monetárias em tempos diferentes, durante longo tempo, e sabemos que não é possível a comparação de dinheiro em tempos diferentes, nem podemos comparar moedas diferentes. Por isso, a adoção da moeda constante é bastante adequada para a equivalência entre capitais, pois existe uma data de referência para a manutenção do poder de compra da moeda.

Por exemplo, imaginemos a compra de um automóvel, hoje, por R$ 50 mil, que pretendemos vender daqui a três anos e gostaríamos de estimar o valor dessa venda futura. É uma tarefa difícil, pois não possuímos a capacidade de prever o futuro e acertar o valor de mercado desse automóvel no futuro, nem qual será a variação inflacionária até lá. Todavia, pelo conceito de moeda constante, podemos pesquisar, hoje, o valor de mercado de um automóvel similar, com três anos de uso, para, então, estimar o seu valor futuro. Suponhamos que esse automóvel usado esteja sendo vendido, hoje, por R$ 25 mil, ou seja, 50% do valor de um veículo novo. Então, em termos de moeda constante, podemos dizer que, daqui a três anos, provavelmente, venderemos esse automóvel por R$ 25 mil, à data-base de hoje. Em outras palavras, venderemos o carro por um valor equivalente a R$ 25 mil de hoje, que, daqui a três anos, na moeda da época, poderá ser um valor nominal maior ou menor do que esse. Caso esse automóvel seja vendido, daqui a três anos, por R$ 28 mil, em moeda da época, não poderemos dizer que fizemos a venda por um valor maior que R$ 25 mil, pois são valores em tempos diferentes, portanto, incomparáveis, em termos financeiros. Nesse caso, para sabermos se acertamos a previsão feita há três anos, pelo valor estimado de R$ 25 mil, teremos de fazer a equivalência inflacionária por um índice econômico que reflita o mercado de automóveis.

Moeda nominal

A moeda nominal, também chamada de moeda corrente ou de base corrente, não está vinculada a uma data de referência fixa e representa a moeda vigente em cada horizonte de tempo em que está alocado o capital considerado, ou seja, o poder de compra está referenciado à data em que o fluxo de caixa ocorre.

No exemplo do automóvel, mostrado acima, o valor de R$ 28 mil está representado em moeda nominal, ou moeda corrente da época considerada.

A adoção de moeda nominal em fluxos de caixa é uma tarefa mais complexa, pois o analista financeiro precisará prever as inflações anuais de todos os componentes do projeto, para, então, montar o fluxo de caixa do projeto, em longo prazo. Podemos imaginar o nível de imprecisão de um fluxo de caixa em moeda nominal, aqui, em nosso país! Em países com taxas de inflação historicamente baixas e com estabilidade econômica, talvez essa tarefa seja menos árdua, mas certamente demandará uma boa dose de subjetividade. Portanto, recomendamos a utilização da moeda constante para a elaboração dos fluxos de caixa para a análise de projetos de investimento.

Fluxo de caixa real e nominal

Um fluxo de caixa real tem seus valores expressos em moeda constante, com data-base definida, e o fluxo de caixa nominal apresenta seus valores em moeda nominal ou moeda corrente. Devemos prestar atenção para não errar na escolha do tipo de taxa de desconto a ser utilizada para o cálculo dos métodos quantitativos para análise de projeto, como o VPL, por exemplo, que deve seguir a coerência com o tipo de moeda do fluxo de caixa, conforme mostrado no quadro 3.

Quadro 3
Tipo de moeda e taxa de desconto

Moeda do fluxo de caixa	Taxa de desconto
Constante	Real
Nominal	Nominal

Cabe ressaltar que a taxa de desconto nominal incorpora a inflação média considerada para a definição dos valores nominais do fluxo de caixa nominal com base na seguinte expressão da matemática financeira:

$$(1+k_{nom}) = (1+k_{real}) \cdot (1+\pi) \qquad (6)$$

onde: k_{nom} representa a taxa de juros nominal; k_{real} é a taxa de juros real; e π é a taxa de inflação.

Devemos ter em mente que essas taxas de juros são colocadas na expressão 6 em suas formas unitárias, ou seja, divididas por 100, e não em percentuais.

As taxas de juros nominais são aquelas divulgadas no mercado, por exemplo, no Brasil, as taxas da caderneta de poupança e a Selic. A taxa de juros real é aquela parte fixa de um empréstimo ou aplicação, como no caso da caderneta de poupança, que oferece uma taxa de juros reais de 0,5% ao mês, mais uma parte variável, calculada pela TR, mas é divulgada na forma nominal. No caso da taxa Selic, chamada de taxa básica de juros, que serve de referência para toda a economia, para calcularmos a taxa de juros real de nosso país, devemos abater a inflação oficial brasileira, que é definida pelo IPCA, calculada pelo IBGE. O exemplo 9 mostra os cálculos das taxas de juros reais da caderneta de poupança e Selic, a partir das taxas divulgadas oficialmente.

Exemplo 9

O rendimento prometido pela caderneta de poupança para 1/12/2016, segundo o Bacen, para depósitos realizados em 1/11/2016, era de 0,6435%. Em novembro de 2016, a Selic encontrava-se fixada em 14% ao ano, pelo Copom/Bacen. Com base nessas informações oficiais, calcule as seguintes taxas de juros:

a) a taxa de juros real de referência da economia brasileira, considerando a taxa de inflação de 7,87% a.a., calculada pelo IPCA/IBGE;

b) a taxa de referência (TR), utilizada para a determinação do rendimento da caderneta de poupança;

Pela expressão 10, podemos calcular as taxas de juros solicitadas acima: $(1 + k_{nom}) = (1 + k_{real}) \cdot (1 + \pi)$

a) como a Selic é uma taxa nominal (k_{nom}) e o IPCA é a taxa de inflação (π), temos: $k_{real} = [(1 + k_{nom}) / (1 + \pi)] - 1 = [(1 + 0,14) / (1 + 0,787)] - 1 = 0,0568 \rightarrow 5,68\%$ a.a. ◄ Taxa Selic, em termos reais

b) como a taxa da poupança é nominal (k_{nom}) e os juros reais da poupança (k_{real}) são de 0,5%, temos:
$\pi = [(1 + k_{nom}) / (1 + k_{real})] - 1 = [(1 + 0,006435) / (1 + 0,005)] - 1 = 0,001428 \rightarrow 0,1428\%$. ◄ TR

O exemplo 10 mostra o caso em que os fluxos reais e nominais se equivalem. Isso ocorre quando a taxa de inflação utilizada no fluxo nominal é a mesma para todos os elementos do projeto e se repete para todos os anos, além de ser a mesma para a definição da taxa de desconto, com utilização da expressão 6, para o cálculo do VPL. Nesse caso, os VPLs de ambos os fluxos, calculados pela expressão 1, serão sempre iguais.

Exemplo 10

O fluxo de caixa do projeto Santiago foi preparado em moeda constante, em reais de maio de 2017, época de sua elaboração. Transforme o fluxo do projeto Santiago em moeda nominal, considerando uma taxa de inflação de 5% ao ano e uma TMA de 8% ao ano.

Primeiramente, devemos elaborar o fluxo de caixa em moeda nominal, inflacionando o fluxo de caixa em moeda constante, utilizando a taxa de inflação de 5% ao ano (π).

Ano	Fluxos de caixa	
	Moeda constante R$ (maio 2017)	Moeda nominal R$ (correntes)
0	-1.000.000,00	-1.000.000,00
1	200.000,00	210.000,00
2	200.000,00	220.500,00
3	200.000,00	231.525,00
4	400.000,00	486.202,50
5	500.000,00	638.140,78

No fluxo de caixa em moeda constante, a TMA de 8% ao ano é uma taxa de juros real e será utilizada para o cálculo do VPL. Pela expressão 6, achamos a TMA nominal para ser utilizada para o cálculo do VPL do fluxo de caixa em moeda nominal:

$(1 + k_{nom}) = (1 + k_{real}) \cdot (1 + \pi) \rightarrow k = [(1+0,08) \cdot (1+0,05)] - 1 = 0,1340 \rightarrow k = 13,40\%$ a.a. ◄ TMA nominal

Com a utilização da expressão 1, calculamos os VPL de ambos os fluxos, com suas respectivas TMA:

$VP_{do\ ativo} = VPL = \Sigma\ FC_t / (1+k)^t$

$VPL_{moeda\ constante}$ = -1.000.000,00 + 200.000,00 / $(1,08)^1$ + 200.000,00 / $(1,08)^2$ + 200.000,00 / $(1,08)^3$ + 400.000,00 / $(1,08)^4$ + 500.000,00 / $(1,08)^5$ = 149.722,94 ◄

$VPL_{moeda\ nominal}$ = -1.000.000,00 + 210.000,00 / $(1,134)^1$ + 220.500,00 / $(1,134)^2$ + 231.525,00 / $(1,134)^3$ + 486.202,50 / $(1,134)^4$ + 638.140,78 / $(1,134)^5$ = 149.722,94 ◄

Chamamos a atenção para o fato de que, ao olharmos um fluxo de caixa qualquer, não temos como distinguir se ele é real ou nominal, a não ser que isso esteja expressamente mencionado. Devemos sempre especificar o tipo do fluxo de caixa, pois, tanto o nominal quanto o real são expressos em reais (R$), ou em qualquer outra moeda. No caso do fluxo de caixa real, existe a necessidade de fixação da data-base da moeda adotada, ou seja, a data de referência dos preços estimados.

Para fixarmos bem esse conceito, precisamos entender que fluxos de caixa nominais somente podem ser descontados por taxas de juros nominais e fluxos de caixa constantes somente podem ser descontados por taxas de juros reais.

Existem, basicamente, três motivos para a utilização de fluxos de caixa em moeda constante. O primeiro é uma questão de conveniência, pois se perguntarmos a uma pessoa quanto ela gostaria de receber na aposentadoria, que ocorrerá dentro de 30 anos, é mais fácil ela responder uma quantia com base no poder de compra de hoje. Para essa pessoa responder o valor desejado daqui a 30 anos, em moeda nominal, ela teria de inflacionar tal valor durante esses 30 anos, sendo obrigada a estimar a inflação que ocorreria nesse período e todas as eventuais mudanças monetárias. Logicamente, é muito mais prático a pessoa dizer que deseja, por exemplo, receber o correspondente a R$ 5 mil por mês, referindo-se ao poder de compra atual desse valor. Isso acontece da mesma forma com fluxos de caixa de projetos de investimento e avaliação de empresas.

O segundo motivo é relativo à qualidade da informação gerencial, pois o fluxo de caixa constante expressa o verdadeiro poder de compra da moeda e, portanto, dá uma ideia mais correta da situação da empresa ao administrador. Os números nominais dão muitas vezes uma falsa ideia de que a empresa está ganhando mais, quando pode, inclusive, estar perdendo poder de compra.

O terceiro e último motivo é que os fluxos de caixa constantes permitem a eliminação do hábito que algumas empresas têm de utilizar fluxos de caixa em moedas ditas fortes, como o dólar americano, para eliminar o efeito da inflação. Tratamos essa prática como um péssimo hábito, haja vista que mesmo a mais forte das moedas sofre também inflação, sem mencionar o problema da variação cambial.

Portanto, nas análises de projetos de investimento e avaliações de empresas, recomendamos a utilização dos fluxos de caixa reais, ou seja, em moeda constante, visto que a elaboração de fluxos de caixa nominais é bastante difícil em termos de previsão das inflações e moedas futuras, ainda mais no Brasil, que, nas últimas décadas, apresentou várias trocas de moeda, cortes de zeros e choques econômicos. Os fluxos em moeda constante produzem um VPL consistente em termos de valor justo da riqueza a ser gerada para o projeto ou empresa, na data-base indicada, ou seja, em termos reais, sem a influência enganosa da inflação.

O BNDES, por exemplo, recomenda expressamente essa prática em seu manual para elaboração de projetos. Além disso, o fluxo de caixa em moeda constante é adotado na maioria das avaliações de projetos de grande porte realizadas por empresas nacionais e multinacionais e por bancos de fomento, como o Banco Mundial e o BID.

Lucro real e lucro presumido

Para a elaboração dos dois tipos de óticas de fluxos de caixa, do acionista e da empresa, que serão mostrados adiante, precisamos, antes, considerar os importantes tributos sobre a renda, mais precisamente o imposto de renda das pessoas jurídicas (IRPJ) e a contribuição social sobre o lucro líquido (CSLL), e a forma como esses tributos são calculados, ou seja, pelo lucro real ou pelo lucro presumido.

A forma mais comum de cálculo da tributação do IRPJ e CSLL nos fluxos de caixa, apresentada na literatura, tem por base o lucro real, por ser obrigatório para empresas de grande porte, com faturamento anual superior a R$ 78 milhões, segundo a legislação brasileira em vigor. Abaixo desse limite, as empresas podem optar entre o lucro real e o lucro presumido.

O regime tributário do lucro real tem como base de cálculo o lucro líquido da empresa, no período de apuração, considerando as compensações permitidas pela lei, como as amortizações de ativos e despesas financeiras.

O lucro presumido é uma forma de tributação mais simples para o cálculo da base de cálculo do IRPJ e CSLL das empresas não obrigadas à apuração do lucro real. No regime de tributação do lucro presumido, a base de cálculo para apuração do IRPJ e CSLL é prefixada pela legislação sobre a receita bruta da empresa, com uma alíquota de presunção, variável conforme a atividade econômica, conforme mostrado no quadro 4. As alíquotas de presunção são aplicadas sobre a receita bruta da empresa, para definir as bases de cálculo do IRPJ e CSLL, sobre as quais incidirão as respectivas alíquotas tributárias, conforme ilustrado no exemplo 11.

A escolha entre lucro real e lucro presumido deve apontar para a situação de menor somatório dos tributos a serem desembolsados pela empresa, a saber: PIS, COFINS, IRPJ e CSLL.

Quadro 4
Alíquotas para IRPJ e CSLL – regime tributário do lucro presumido

Atividade da empresa	IRPJ		CSLL	
	Alíquota de presunção	Alíquota do IRPJ	Alíquota de presunção	Alíquota do CSLL
Vendas	8%	15%	12%	9%
Serviços	32%	15%	32%	9%

Adiante, mostraremos os fluxos de caixa do acionista e da empresa com as duas formas de tributação do IRPJ e CSLL: lucro real e lucro presumido.

Exemplo 11
Comparativo entre o lucro real e o lucro presumido para a Atlântica Hotéis e Pousadas Ltda. No caso do lucro presumido, a alíquota de presunção do LAIR foi retirada do quadro 4.

Item	Lucro real		Lucro presumido	
	%	R$	%	R$
Receita bruta		12.000.000,00		12.000.000,00
ISS	5,00%	-600.000,00	5,00%	-600.000,00
PIS	1,65%	-198.000,00	0,65%	-78.000,00
COFINS	7,60%	-912.000,00	3,00%	-360.000,00
Receita líquida		10.290.000,00		10.962.000,00
Custos fixos e variáveis		-3.750.000,00		-3.750.000,00
Despesas administrativas		-1.120.000,00		-1.120.000,00
Depreciação		-4.800.000,00		-4.800.000,00
LAIR*		620.000,00	32,00%	3.840.000,00
IRPJ	15,00%	-93.000,00	15,00%	-576.000,00
Adicional IRPJ acima de R$ 240 mil	10,00%	-38.000,00	10,00%	-360.000,00
CSLL	9,00%	-55.800,00	9,00%	-345.600,00
Lucro líquido		433.200,00		10.400,00
Total de tributos (ISS, PIS, COFINS, IRPJ e CSLL)	15,81%	1.896.800,00	19,33%	2.319.600,00
Geração de caixa		5.233.200,00		4.810.400,00

* LAIR = lucro antes do IRPJ e CSLL (no caso do lucro real) e lucro presumido para o cálculo do IRPJ e CSLL. Em ambos os casos, esses valores são base tributária para o cálculo do IRPJ e da CSLL.

Fluxo de caixa livre do acionista

O fluxo de caixa pela ótica do investidor é aquele resultante após o pagamento dos custos e despesas operacionais, tributos, juros e amortizações de principais, e de qualquer desembolso de capital necessário à manutenção da taxa de crescimento dos fluxos de caixa previstos em cada intervalo de tempo considerado. Esse tipo de fluxo de caixa é conhecido como o fluxo de caixa livre do acionista (FCLA), em inglês, *free cash flow to equity* (FCFE).

O FCLA tem a sua estrutura de capital definida, que pode ser de 100% de capital próprio, não alavancado, ou ter a participação de capital de terceiros, ou seja, alavancado. Uma característica marcante do FCLA é a presença do capital próprio como valor líquido resultante, ou seja, surgindo apenas como valor resultante da diferença entre o investimento e o financiamento. Em decorrência dessa característica, para o cálculo dos métodos quantitativos, como veremos no capítulo 4, o FCLA deve sempre ser descontado pela taxa de juros exigida para o capital próprio, ou seja, a TMA, que pode assumir a denominação de k_0 ou k_e, dependendo da estrutura de capital do projeto, conforme mostrado no capítulo 2.

A razão pela qual o FCLA deve ser descontado pela TMA (k_0 ou k_e) decorre do fato de que esse tipo de fluxo considera os desembolsos previstos de todos os compromissos do projeto, inclusive os pagamentos do capital de terceiros, e os fluxos resultantes, em cada período, servirão para restituir os investimentos dos acionistas, remunerá-los à taxa de retorno exigida, a TMA, e gerar a riqueza do projeto para a empresa. Por isso, somente faz sentido descontar esse fluxo resultante pela taxa de juros exigida para remunerar o capital próprio investido, ou seja, a TMA.

Os quadros 5 e 6 apresentam modelos genéricos de FCLA, respectivamente pelos regimes tributários do lucro real e do lucro presumido.

Em outras palavras, o FCLA deve ser entendido como o fluxo de caixa líquido estimado para atender aos interesses dos acionistas, inclusive para distribuição de dividendos, após os pagamentos das dívidas com terceiros e captações de empréstimos e financiamentos. Além disso, devemos lembrar que o FCLA pode ser elaborado em moeda constante ou em moeda nominal, e pelos regimes tributários do lucro real e lucro presumido, como foi mostrado anteriormente. Os exemplos 12 e 13 mostram aplicações práticas numéricas.

Quadro 5
Modelo genérico de FCLA – regime tributário do lucro real

Discriminação	Ano 0	Ano 1	Ano 2	......	Ano n
Receitas brutas					
(-) Tributos sobre as receitas[1]					
(=) Receitas líquidas					
(-) Custos fixos e variáveis					
(-) Despesas diversas					
(=) LAJIDA (lucro antes dos juros, IR, depreciação e amortização)[2]					
(-) Depreciação e amortização[3]					
(=) LAJIR (lucro antes dos juros e IR)[4]					
(-) Despesas financeiras (juros)					
(=) LAIR (lucro antes do IR)[5]					
(-) Imposto de renda e CSSL[6]					
(=) Lucro líquido após IR					
(+) Depreciação e amortização[7]					
(-) Investimentos em ativos fixos					
(-) Investimentos em capital de giro (ΔNCG)					
(+) Financiamento de recursos de terceiros					
(-) Amortizações do principal					
(+) Valor residual[8]					
(=) Fluxo de caixa livre dos acionistas (FCLA)					

[1] Tributos incidentes diretamente sobre as receitas, tais como ISS, PIS, COFINS etc.
[2] *Earnings before interest, taxes, depreciation and amortization* (EBITDA).
[3] As depreciações e amortizações são despesas contábeis que representam as perdas de valor de ativos ao longo do tempo, sendo que as depreciações atuam sobre os ativos tangíveis, como máquinas, equipamentos, veículos, imóveis etc, e as amortizações agem sobre os ativos intangíveis, como marcas e patentes.
[4] *Earnings before interest and taxes* (EBIT).
[5] *Earnings before taxes* (EBT): base tributária para aplicação do IR/CSLL.
[6] Inclui o adicional do IRPJ. Essa linha pode ser aberta para mostrar os valores individualmente.
[7] As depreciações e amortizações são reincorporadas ao fluxo de caixa porque não representam saídas de caixa efetivas, pois são registros contábeis e servem apenas a determinação da base tributável (LAIR), já que podem ser consideradas benefícios fiscais e tributários.
[8] O valor residual dos ativos de um projeto é o preço de mercado estimado para a data terminal definida.

Quadro 6
Modelo genérico de FCLA – regime tributário do lucro presumido

Discriminação	Ano 0	Ano 1	Ano 2	......	Ano n
Receitas brutas					
(-) Tributos sobre as receitas[1]					
(=) Receitas líquidas					
(-) Custos fixos e variáveis					
(-) Despesas diversas					
(-) Despesas financeiras (juros)					
(=) Lucro presumido para base do IRPJ e CSLL					
(-) Imposto de renda e CSSL[2]					
(=) Lucro líquido					
(-) Investimentos em ativos fixos					
(-) Investimentos em capital de giro (ΔNCG)					
(+) Financiamento de recursos de terceiros					
(-) Amortizações do principal					
(+) Valor residual[3]					
(=) Fluxo de caixa livre dos acionistas (FCLA)					

[1] Tributos incidentes diretamente sobre as receitas, tais como ISS, PIS, COFINS etc.
[2] Inclui o adicional do IRPJ. Essa linha pode ser aberta para mostrar os valores individualmente.
[3] O valor residual dos ativos de um projeto é o preço de mercado estimado para a data terminal definida.

> **Exemplo 12**
> Elabore o fluxo de caixa livre do projeto Tabajara, pelo ponto de vista de seus investidores, a partir dos seguintes dados, em moeda de maio de 2017: investimento inicial de R$ 50 milhões; financiamento de 60% do investimento, em cinco anos, pelo SAC, à taxa de 10% ao ano; receitas estimadas em R$ 35 milhões, para o primeiro ano, com crescimento de 5% ao ano; tributos de 12% sobre as receitas; custos variáveis de R$ 5 milhões, para o primeiro ano, com crescimento de 3% ao ano; custos fixos de R$ 2,5 milhões/ano; despesas diversas de R$ 1,5 milhão; alíquota do IR/CSSL de 34%; depreciação anual dos ativos de R$ 8 milhões/ano, durante os cinco anos do projeto; e valor residual de R$ 15 milhões no ano 5. Considere o regime tributário do lucro real.
>
> Moeda: R$. 10^6 (maio 2017)
>
> | Discriminação | Ano 0 | Ano 1 | Ano 2 | Ano 3 | Ano 4 | Ano 5 |
> |---|---|---|---|---|---|---|
> | Receitas brutas | | 35,00 | 36,75 | 38,59 | 40,52 | 42,54 |
> | (-) Tributos | | -4,20 | -4,41 | -4,63 | -4,86 | -5,11 |
> | (=) Receitas líquidas | | 30,80 | 32,34 | 33,96 | 35,65 | 37,44 |
> | (-) Custos fixos | | -2,50 | -2,50 | -2,50 | -2,50 | -2,50 |
> | (-) Custos variáveis | | -5,00 | -5,15 | -5,30 | -5,46 | -5,63 |
> | (-) Despesas diversas | | -1,50 | -1,50 | -1,50 | -1,50 | -1,50 |
> | (=) LAJIDA | | 21,80 | 23,19 | 24,65 | 26,19 | 27,81 |
> | (-) Depreciação | | -8,00 | -8,00 | -8,00 | -8,00 | -8,00 |
> | (=) LAJIR | | 13,80 | 15,19 | 16,65 | 18,19 | 19,81 |
> | (-) Despesas financeiras | | -3,00 | -2,40 | -1,80 | -1,20 | -0,60 |
> | (=) LAIR | | 10,80 | 12,79 | 14,85 | 16,99 | 19,21 |
> | (-/+) IRPJ/CSSL | | -3,65 | -4,32 | -5,03 | -5,75 | -6,51 |
> | (=) Lucro líquido | | 7,15 | 8,47 | 9,83 | 11,24 | 12,70 |
> | (+) Depreciação | | 8,00 | 8,00 | 8,00 | 8,00 | 8,00 |
> | (-) Investimento | -50,00 | | | | | |
> | (+) Financiamento | 30,00 | | | | | |
> | (+) Amortizações do principal | | -6,00 | -6,00 | -6,00 | -6,00 | -6,00 |
> | (+) Valor residual | | | | | | 15,00 |
> | (=) FCLA | -20,00 | 9,15 | 10,47 | 11,83 | 13,24 | 29,70 |

FLUXOS DE CAIXA DE PROJETOS DE INVESTIMENTO

Exemplo 13

Elabore o fluxo de caixa livre do projeto Tabajara, do exemplo 12, pelo ponto de vista de seus investidores, agora considerando o regime tributário do lucro presumido, com alíquota de presunção de 32%.

Moeda: R$. 10^6 (maio 2017)

Discriminação	Ano 0	Ano 1	Ano 2	Ano 3	Ano 4	Ano 5
Receitas brutas		35,00	36,75	38,59	40,52	42,54
(-) Tributos		-4,20	-4,41	-4,63	-4,86	-5,11
(=) Receitas líquidas		30,80	32,34	33,96	35,65	37,44
(-) Custos fixos		-2,50	-2,50	-2,50	-2,50	-2,50
(-) Custos variáveis		-5,00	-5,15	-5,30	-5,46	-5,63
(-) Despesas diversas		-1,50	-1,50	-1,50	-1,50	-1,50
(-) Despesas financeiras		-3,00	-2,40	-1,80	-1,20	-0,60
(=) Lucro presumido		11,20	11,76	12,35	12,97	13,61
(-) IRPJ/CSSL		-3,78	-3,97	-4,17	-4,38	-4,60
(=) Lucro líquido		15,02	16,82	18,68	20,61	22,61
(-) Investimentos	-50,00					
(+) Financiamento	30,00					
(+) Amortizações		-6,00	-6,00	-6,00	-6,00	-6,00
(+) Valor residual						15,00
(=) FCLA	-20,00	9,02	10,82	12,68	14,61	31,61

Fluxo de caixa livre do projeto

O fluxo de caixa pela ótica do projeto como um todo é aquele cujo resultado anual pode ser fornecido continuadamente aos seus provedores de capital, ou seja, acionistas e credores. Nesse caso, o fluxo de caixa de um projeto tem a mesma configuração do fluxo de caixa de uma empresa, em decorrência da ausência de alavancagem financeira, como veremos adiante. Assim, o fluxo de caixa livre do projeto é confundido com o fluxo de caixa livre da empresa (FCLE), em inglês, *free cash flow to firm* (FCFF), e visa conhecer a potencialidade operacional do projeto, sem alavancagem financeira alguma, ou seja, independentemente da forma como será financiado, seja por capital próprio ou de terceiros.

O FCLE é sempre desalavancado, pois deve representar os resultados operacionais líquidos que o projeto poderá gerar antes da devolução dos investimentos aportados, independentemente das fontes de financiamento.

Portanto, a taxa de desconto para o cálculo dos métodos quantitativos do capítulo 4 é a combinação dos custos de ambas as fontes de recursos, próprios e de terceiros, ou seja, o CMPC, cuja composição foi mostrada no capítulo 2.

A razão pela qual o FCLE deve ser descontado pelo CMPC decorre do fato de que esse tipo de fluxo considera os desembolsos previstos de todos os compromissos operacionais do projeto; os fluxos resultantes em cada período, que já contemplam o abatimento dos investimentos, servirão para remunerar os provedores de capitais, próprios e de terceiros, e gerar a riqueza para o projeto e, consequentemente, para a empresa da qual este faz parte. Por isso, somente faz sentido descontar esse fluxo resultante pela taxa de juros que representa o custo médio dos capitais que financiarão as atividades do projeto, ou seja, o CMPC.

Os quadros 7 e 8 apresentam modelos genéricos de FCLE, respectivamente, pelos regimes tributários do lucro real e do lucro presumido.

Para reforçar o conceito do FCLE, Costa, Costa e Alvim (2010) definem esse tipo de fluxo de caixa como aquele que está disponível para pagar os direitos de seus credores e acionistas, desconsiderando quaisquer fluxos referentes aos juros e amortizações de principal e tendo como referência apenas a diferença entre as entradas e saídas de caixa relacionadas às operações do projeto.

Damodaran (2007) define o FCLE como a soma dos fluxos de caixa para os detentores de direitos no projeto, ou empresa, incluindo todos aqueles que possuem cotas, ações e bônus, e mostra que esse tipo de fluxo é anterior ao pagamento de dívidas, sendo, frequentemente, apontado como um fluxo de caixa não alavancado.

Quadro 7
Modelo genérico de FCLE – regime do lucro real

Discriminação	Ano 0	Ano 1	Ano 2	......	Ano n
Receitas brutas					
(-) Tributos sobre as receitas					
(=) Receitas líquidas					
(-) Custos fixos e variáveis					
(-) Despesas diversas					
(=) LAJIDA (lucro antes dos juros, IR, depreciação e amortização)					
(-) Depreciação e amortização					
(=) LAIR (lucro antes do IR)					
(-) Imposto de renda e CSSL					
(=) Lucro líquido após IR					
(+) Depreciação e amortização					
(-) Investimentos em ativos fixos					
(-) Investimentos em capital de giro (ΔNCG)					
(+) Valor residual					
(=) Fluxo de caixa livre do projeto (FCLE)					

Quadro 8
Modelo genérico de FCLE – regime do lucro presumido

Discriminação	Ano 0	Ano 1	Ano 2	......	Ano n
Receitas brutas					
(-) Tributos sobre as receitas					
(=) Receitas líquidas					
(-) Custos fixos e variáveis					
(-) Despesas diversas					
(=) Lucro presumido para base do IRPJ e CSLL					
(-) Imposto de renda e CSSL					
(=) Lucro líquido					
(-) Investimentos em ativos fixos					
(-) Investimentos em capital de giro (ΔNCG)					
(+) Valor residual					
(=) Fluxo de caixa livre da empresa (FCLE)					

Assim como alertamos para o FCLA, o FCLE também pode ser elaborado em moeda constante ou em moeda nominal, e pelos regimes tributários do lucro real e do lucro presumido, como foi mostrado. Os exemplos 14 e 15 mostram aplicações práticas numéricas.

Exemplo 14

A Metalúrgica Imperial S.A. precisa conhecer seu valor para analisar uma proposta recebida por um importante grupo de investidores internacionais. Para isso, seus analistas financeiros elaboraram o fluxo de caixa da empresa, em moeda de maio de 2017, para um horizonte de projeção de cinco anos, considerando o regime tributário do lucro real.

Moeda: R$. 10^6 (maio 2017)

Discriminação	Ano 0	Ano 1	Ano 2	Ano 3	Ano 4	Ano 5
Receitas brutas		182,0	187,0	192,0	196,0	202,0
(-) Tributos sobre as receitas		-25,9	-26,6	-27,4	-27,9	-28,8
(=) Receitas líquidas		156,1	160,4	164,6	168,1	173,2
(-) Custos fixos e variáveis		-95,0	-105,0	-110,0	-116,0	-126,0
(=) LAJIDA		61,1	55,4	54,6	52,1	47,2
(-) Depreciação		-5,0	-5,2	-5,5	-5,7	-6,0
(=) LAIR		56,1	50,2	49,1	46,4	41,2
(-/+) IRPJ/CSSL		-19,04	-17,03	-16,68	-15,74	-13,99
(=) Lucro líquido		37,0	33,1	32,5	30,6	27,2
(+) Depreciação		5,0	5,2	5,5	5,7	6,0
(-) Investimentos		-4,5	-4,5	-5,0	-5,2	-5,5
(-) ΔNCG		-2,0	-1,8	-1,5	-1,5	-1,8
(+) Valor residual						80,6
(=) FCLE		35,5	32,0	31,5	29,6	106,5

Exemplo 15

Os analistas financeiros também fizeram o fluxo de caixa da Metalúrgica Imperial S.A., do exemplo 14, considerando o regime tributário pelo lucro presumido, com alíquota de presunção de 32%.

Moeda: R$. 10^6 (maio 2017)

Discriminação	Ano 0	Ano 1	Ano 2	Ano 3	Ano 4	Ano 5
Receitas brutas		182,0	187,0	192,0	196,0	202,0
(-) Tributos sobre as receitas		-25,9	-26,6	-27,4	-27,9	-28,8
(=) Receitas líquidas		156,1	160,4	164,6	168,1	173,2
(-) Custos fixos e variáveis		-95,0	-105,0	-110,0	-116,0	-126,0
(=) Lucro presumido		58,2	59,8	61,4	62,7	64,6
(-) IRPJ/CSSL		-19,78	-20,32	-20,87	-21,30	-21,95
(=) Lucro líquido		38,5	39,5	40,6	41,4	42,7
(-) Investimentos		-4,5	-4,5	-5,0	-5,2	-5,5
(-) ΔNCG		-2,0	-1,8	-1,5	-1,5	-1,8
(+) Valor residual						80,6
(=) FCLE		32,0	33,2	34,1	34,7	116,0

Previsão dos resultados dos fluxos de caixa

O objetivo de toda análise de projeto de investimento é subsidiar o gestor empresarial para a melhor tomada de decisão, de modo que haja possibilidade de geração de riqueza para a empresa e criação de valor para os acionistas ou proprietários. Para isso, a previsão dos resultados futuros do fluxo de caixa do projeto em análise é fundamental para a indicação de viabilidade do investimento em estudo.

A maioria dos textos de finanças chama de "projeção" a técnica de antevisão dos resultados de um fluxo de caixa, quando, na verdade, devemos sempre denominar essa ação de previsão do fluxo de caixa do projeto, uma vez que os resultados deste acontecerão em períodos futuros e sabemos que o futuro é desconhecido, arriscado e incerto. Por isso, entendemos que o termo correto seja previsão de resultados dos fluxos de caixa, pois precisamos sempre prognosticar os resultados futuros dos projetos.

O termo "previsão" vem do latim *praevisio* e está ligado ao efeito de prever, ver com antecipação ou conjecturar o futuro por meio de inferência, indícios, tendências ou sinais. Já o termo "projeção" tem relação com o termo latino *prognosis*, que significa previsão ou prognóstico, mas preferimos não considerar esse termo como sinônimo de previsão, porque entendemos que quando projetamos algo, como vendas, receitas ou custos, por exemplo, estamos realmente predizendo um comportamento futuro, mas extrapolando um comportamento passado, ou seja, estamos usando uma tendência histórica para prevermos o amanhã por meio de técnicas estatísticas, como regressões simples ou múltiplas. Dessa forma, entendemos que projeção é uma técnica de previsão que examina os resultados passados, avaliando seu comportamento, padrão e tendência de evolução, para, assim, extrapolarmos o futuro. Como dissemos, os acontecimentos passados não necessariamente se repetem no futuro, ou seja, as séries históricas de dados servem para mostrar o comportamento desses dados e para subsidiar os cálculos de tendências futuras estatísticas.

Então, a previsão de resultados dos fluxos de caixa é uma forma ampla, definitiva e específica de declararmos eventos futuros, tais como quantidades a serem vendidas, receitas de vendas, custos e despesas, entre outras variáveis. Geralmente, para "prevermos" os elementos do fluxo de caixa de um projeto, devemos lançar mão das tendências históricas e informações do passado da empresa, quando houver, isto é, projeções, juntamente com técnicas de criação de cenários futuros e de extração de conhecimento e percepção dos especialistas, bem como de pesquisas de opinião e de campo, no âmbito setorial ou da economia como um todo. Por exemplo, a previsão da demanda de um projeto empresarial pode ser feita por métodos quantitativos e qualitativos. Os métodos quantitativos mais conhecidos são: análise temporal, análise de regressão, modelos econométricos e matrizes de entrada/saída. Os métodos qualitativos mais importantes são: técnica Delphi, analogia histórica, painel de especialistas e elaboração de cenários.

As previsões dos elementos de um fluxo de caixa podem ser de curto e de longo prazo. Em finanças, existe uma convenção de que o curto prazo cobre o período de até um ano e o longo prazo abrange os períodos superiores a um ano. Em termos de análise de projetos de investimento, as previsões são de longo prazo, porque os projetos têm prazos de implantação e de maturação bem superiores a um ano.

Eventualmente, há casos em que estão disponíveis informações precisas e objetivas sobre faturamento, custos e despesas futuras, que permitem "calcular" os próximos fluxos de caixa com alto grau de certeza. Essas informações podem ser oriundas de contratos assinados, compromissos que representem intenção de negociação, encomendas realizadas ou outras semelhantes. Nesse caso, as previsões deverão ser feitas integralmente com base em tais informações. Caso não haja esse tipo de informação, como ocorre na maioria dos casos, devemos utilizar os dados passados para realizarmos uma boa previsão de resultados futuros, estudando sua evolução com base nesse passado, por meio de modelos estatísticos de regressão, e na experiência dos especialistas.

No caso mais desfavorável da inexistência de quaisquer informações sobre os negócios futuros e de dados passados, podemos lançar mão de dados disponíveis de outras empresas semelhantes, que atuam na mesma área, para as estimativas futuras.

Em muitos casos, o fluxo de caixa é fortemente correlacionado com algum índice ou parâmetro externo à empresa, como a evolução do PIB do país, ou os preços de uma determinada *commodity* no mercado nacional ou internacional, ou, ainda, com a fatia do mercado (*market share*).

As previsões serão tão mais refinadas quanto maior a quantidade das informações, desde que sejam de boa qualidade. No caso da previsão de resultados de uma empresa nova, sem concorrência, com produto inovador, sem nenhum parâmetro de comparação ou dados passados para apoio, a elaboração do fluxo de caixa será, obviamente, bem mais complicada.

Devido às incertezas inerentes às previsões, é comum a incorporação na análise de modelos de simulação de cenários para auxiliar na visualização das possibilidades de variações dos resultados calculados. Isso permite a atribuição de probabilidades de ocorrência a cada cenário. Um dos modelos mais utilizados é o método Monte Carlo, em que há distribuição de probabilidades de cenários possíveis, como preço mínimo e máximo de venda estimado para cada produto, variações na fatia de mercado, alíquotas de impostos e diversos outros.

Costa, Costa e Alvim (2010) afirmam que as previsões são, praticamente, inevitáveis em finanças, e que todas as tomadas de decisão empresariais têm por base algum tipo de previsão. Esses autores dizem que existem muitos métodos informatizados de previsão disponíveis, e isso implica maior rigor das empresas quanto aos resultados das previsões, sendo fundamental a obtenção de informações mais detalhadas dos projetos e empresas, principalmente, sobre os planos de investimentos e financiamentos, estrutura de custos e estratégias corporativas.

Em resumo, toda previsão de resultados de um fluxo de caixa deve levar em conta o histórico de vendas, receitas, custos e despesas da empresa (quando houver), a capacidade, o tamanho e a sazonalidade do mercado, a capacidade de produção e quaisquer outros fatores relevantes. Uma "boa" previsão de resultados de um fluxo de caixa sempre dependerá da boa qualidade da interpretação das informações obtidas, das premissas estabelecidas e do bom-senso do analista, pois o futuro é incerto e não podemos cair na armadilha do sobredimensionamento das receitas e subdimensionamento dos investimentos, custos e despesas. A figura 5 apresenta um panorama dos principais passos para a previsão dos resultados de um fluxo de caixa de um projeto ou empresa.

Figura 5
Panorama geral para a previsão de um fluxo de caixa

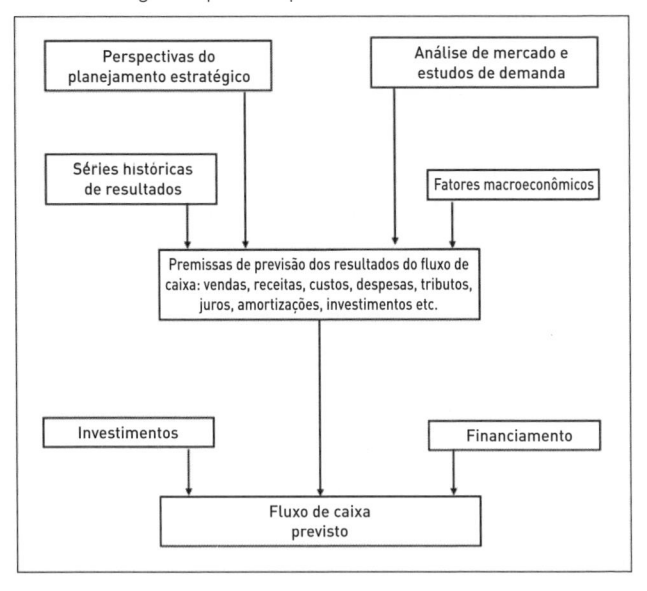

O exemplo 16 mostra a previsão das receitas de venda para o caso da existência de um contrato de fornecimento assinado, ou seja, com a garantia teórica de cumprimento por ambas as partes. Essa pode ser considerada a forma mais simples e fácil de previsão de um fluxo de caixa.

> **Exemplo 16**
> A empresa Superparafusos S.A. assinou um contrato para o fornecimento para três fábricas paulistas, pelo prazo de três anos, e precisa elaborar os seus fluxos de caixa futuros, visto que terá de adquirir uma nova máquina para sua linha de produção. Com base nos dados contratuais abaixo, que definem as vendas para o primeiro ano de contrato, determine as receitas de vendas do projeto, sabendo-se que existe uma cláusula que prevê um crescimento de 5% ao ano na demanda por parafusos.
> – Contrato A: venda de 100 mil parafusos tipo X, por mês, ao preço unitário de R$ 0,20;
> – Contrato B: Venda de 300 mil parafusos tipo Y, por mês, ao preço unitário de R$ 0,15;
> – Contrato C: Venda de 150 mil parafusos tipo Z, por mês, ao preço unitário de R$ 0,28.
>
> Com base nas informações acima, as previsões de receitas são as seguintes:
> Contrato A: 100.000 un/mês × 12 meses/ano × R$ 0,20/un = R$ 240.000,00
> Contrato B: 300.000 un/mês × 12 meses/ano × R$ 0,15/un = R$ 540.000,00
> Contrato C: 150.000 un/mês × 12 meses/ano × R$ 0,28/un = R$ 504.000,00
> Ano 1 = total previsto para o primeiro ano = R$ 1.284.000,00 ◄
> Ano 2 = previsão de crescimento de 5% = R$ 1.284.000,00 × 1,05 = R$ 1.348.200,00 ◄
> Ano 3 = previsão de crescimento de 5% = R$ 1.348.200,00 × 1,05 = R$ 1.415.610,00 ◄
>
> Previsão das receitas de vendas da Superparafusos S.A.
>
> Moeda: R$ (maio 2017)
>
> | Item | Ano 1 | Ano 2 | Ano 3 |
> |---|---|---|---|
> | Receita bruta de venda | 1.284.000,00 | 1.348.200,00 | 1.415.610,00 |

Quando atuamos com vendas sem a garantia de contratos, o modo mais eficiente é iniciarmos por um estudo detalhado do mercado, com pesquisas, análise de séries históricas de vendas, entre outras técnicas. Devemos observar o crescimento ou queda nas vendas e as sazonalidades com as épocas e periodicidades de vendas mais fortes e mais fracas, bem como precisamos observar a dispersão histórica, as médias e as tendências das vendas. Essas observações fornecem uma boa medida do comportamento das receitas futuras como função da evolução histórica das vendas. Empresas geradoras de energia elétrica, por exemplo, têm uma baixa dispersão nas vendas de energia, enquanto vendas de automóveis de luxo têm alta dispersão, pois dependem da força da economia local, dos lançamentos dos concorrentes, entre outros fatores, por exemplo. Contudo, como mencionado, resultados passados não são garantia alguma de resultados futuros, mas as projeções de receitas com base na observação dos comportamentos históricos de vendas são as melhores projeções que temos hoje, apesar de imprecisas e, consequentemente, arriscadas.

O caso mais complexo de previsão de fluxos de caixa ocorre quando não existem contratos firmados que garantam as vendas nem são encontradas séries históricas que indiquem uma expectativa ou tendências futuras. Essa situação acontece em projetos pioneiros, inovadores ou inéditos. As melhores soluções, nesse caso, seriam os métodos qualitativos, que utilizam os conhecimentos de especialistas do mercado em análise, tais como a técnica Delphi ou o painel de especialistas.

Segundo Clemente e colaboradores (2008), a técnica Delphi extrai informações de especialistas do mercado sobre o qual se deseja fazer previsões, por meio de questionários, sem a interação direta entre os especialistas envolvidos no processo. Essa técnica realiza várias rodadas iterativas, após a análise estatística e classificação das respostas, até que haja uma relativa concordância no resultado da pesquisa e também aceita algumas divergências. O painel de especialistas é uma técnica semelhante, mas permite a interação direta entre os envolvidos.

Devemos entender que as técnicas qualitativas são bastante subjetivas e devem ser conduzidas de forma isenta e não tendenciosa, sob pena de tornarmos as previsões excessivamente otimistas. Outrossim, nada impede que utilizemos as técnicas qualitativas associadas às quantitativas, ou seja, as técnicas estatísticas das regressões simples e múltiplas, o método da elasticidade e a modelagem econométrica.

O exemplo 17 apresenta um caso da previsão das receitas de vendas para a elaboração de um pequeno negócio de carrocinha de pipocas, baseada em ocorrências passadas.

Exemplo 17

O sr. José Pereira pretende começar um negócio de vendas de pipocas e, para isso, abriu uma pequena empresa e investiu na aquisição de uma carrocinha de pipocas. Com base em um curso de microempreendedores, o sr. José Pereira recebeu orientações sobre um rápido estudo do mercado de pipocas em seu bairro e como ele poderia prever as suas vendas, para os próximos cinco anos, tempo definido para a vida útil da carrocinha. Então, durante o mês de maio de 2017, ele fez sua pesquisa de mercado e conversou com diversos pipoqueiros da região, além de ter observado o movimento das carrocinhas nas portas dos colégios, igrejas, cinemas e praças. Ao final da pesquisa, o sr. José Pereira chegou às seguintes informações:
– os pipoqueiros da região venderam, em média, 80 saquinhos de pipoca por dia;
– nos últimos três anos, os pipoqueiros disseram que houve uma queda nas vendas, entre 5% e 10%;
– o horário de trabalho varia e pode chegar a cerca de 10 horas por dia, com quatro dias de folga no mês;
– os principais concorrentes são os vendedores de milho, cachorro-quente, churro, sorvete e bala;
– o mercado de pipoca possui público fiel e os concorrentes não afetam muito as vendas;
– são vendidos três tamanhos de saquinhos de pipoca: R$ 2,00, R$ 4,00 e R$ 8,00.

Com base nas informações acima, o sr. José Pereira criou suas premissas de vendas, conforme segue:
Preço de venda = R$ 4,00/saquinho típico
Horários e locais de trabalho (terça-feira a sexta-feira): 75 saquinhos típicos/dia útil
– 11:00 às 13:00 – porta do Colégio A = 30 saquinhos típicos
– 13:30 às 14:30 – porta do Colégio B = 15 saquinhos típicos
– 15:30 às 17:30 – pracinha = 10 saquinhos típicos
– 18:00 às 20:00 – porta do cinema = 20 saquinhos típicos
Horários e locais de trabalho (sábado e domingo): 100 saquinhos típicos/dia de final de semana
– 12:00 às 18:00 – calçadão da praia = 80 saquinhos típicos
– 18:30 às 20:30 – porta do cinema = 20 saquinhos típicos
Estimativa das quantidades anuais de venda:
– vendas em dias úteis = 75 sacos/du × 18 du/mês × 12 meses/ano = 16.200 sacos/ano
– vendas em dias de final de semana = 100 sacos/dfs × 8 dfs/mês × 12 meses/ano = 9.600 sacos/ano
– vendas previstas para o primeiro ano = 25.800 saquinhos típicos
– crescimento previsto = estabilização para os dois anos seguintes e crescimento de 5% ao ano.

Previsão dos resultados do fluxo de caixa

Moeda: R$ (maio 2017)

Período	Quantidade	Unidade	Preço unitário	Receita total
Ano 1	25.800	saco	R$ 4,00	R$ 103.200,00
Ano 2	25.800	saco	R$ 4,00	R$ 103.200,00
Ano 3	25.800	saco	R$ 4,00	R$ 103.200,00
Ano 4	27.090	saco	R$ 4,00	R$ 108.360,00
Ano 5	28.445	saco	R$ 4,00	R$ 113.778,00

Fluxo de caixa incremental

A análise incremental, também chamada de análise marginal, parte da premissa de que os resultados futuros de um novo projeto devem ser melhores que a situação *status quo*, ou seja, sem a realização desse novo projeto. Dessa forma, precisamos analisar tão somente o fluxo de caixa incremental de um projeto, ou seja, o fluxo de caixa da diferença entre as situações com e sem o projeto. Essa análise é importante na comparação de opções de projetos mutuamente excludentes, com a mesma duração, tanto para FCLA quanto para FCLE.

O projeto de investimento incremental deve ser considerado desejável financeiramente se produzir um VPL maior que zero, a partir da taxa de retorno exigida, conforme será mostrado no capítulo 4.

Para entendermos o princípio básico do fluxo incremental, imaginemos o caso hipotético de um condomínio que vem gastando mensalmente cerca de R$ 2.500,00 com consumo de energia elétrica, com tendência de continuação desse padrão de consumo para os próximos 12 meses. Para tentar melhorar o resultado do condomínio, o síndico propõe aos condôminos um investimento de R$ 4 mil, hoje, em sensores de presença, lâmpadas eletrônicas e modernização das instalações elétricas, para conseguir uma redução de 25% nas próximas 12 contas de energia elétrica, segundo as previsões de um engenheiro eletricista. Os condôminos devem aprovar o projeto proposto pelo síndico? A resposta correta deve ter por base a análise incremental, ou seja, se o condomínio mantiver a situação atual, os gastos mensais com energia elétrica serão de R$ 2.500,00, durante os próximos 12 meses, mas se o condomínio optar pelo investimento de R$ 4 mil, as contas mensais de energia elétrica têm previsão de passar para R$ 1.875,00 durante o mesmo período. Na prática, se tudo der certo, haverá uma redução de gastos da ordem de R$ 625,00, ou seja, o condomínio deixará de gastar esse valor todo mês, que resultará em sobra de caixa. Em termos financeiros, os condôminos devem tomar a decisão com base na análise do fluxo incremental, conforme mostrado na figura 6. Caso o condomínio adote uma TMA de 1% ao mês, o VPL do fluxo incremental será de R$ 3.034,42, valor que comprova a viabilidade financeira do projeto e ainda gera riqueza para o condomínio.

Figura 6
Representação gráfica do fluxo de caixa incremental

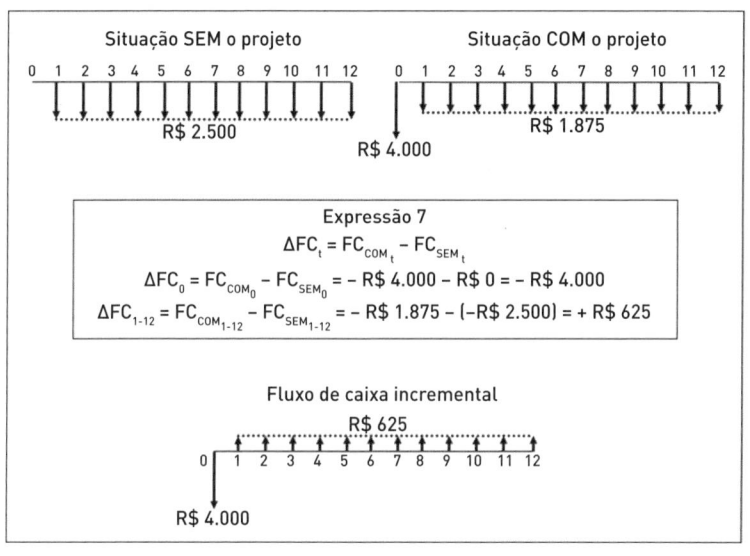

Situação SEM o projeto — R$ 2.500 (saídas meses 1-12); R$ 4.000 (saída em 0)

Situação COM o projeto — R$ 1.875 (saídas meses 1-12)

Expressão 7

$$\Delta FC_t = FC_{COM_t} - FC_{SEM_t}$$
$$\Delta FC_0 = FC_{COM_0} - FC_{SEM_0} = -R\$\ 4.000 - R\$\ 0 = -R\$\ 4.000$$
$$\Delta FC_{1-12} = FC_{COM_{1-12}} - FC_{SEM_{1-12}} = -R\$\ 1.875 - (-R\$\ 2.500) = +R\$\ 625$$

Fluxo de caixa incremental: R$ 625 (entradas meses 1-12); R$ 4.000 (saída em 0)

Na prática, qualquer projeto deve ser analisado com base no princípio incremental, pois sempre haverá uma opção sem projeto, que seria a situação de nada a fazer, como nos projetos de implantação. Nos casos de projetos de modernização, reestruturação e reconstrução, os fluxos são necessariamente incrementais, uma vez que sempre haverá a opção de continuação da situação atual, o *status quo*.

Nos fluxos incrementais, nas comparações entre as situações com e sem o projeto em estudo, as reduções de custos são consideradas ganhos, assim como os aumentos de receitas, sendo, portanto, representados com valores positivos. Obviamente, se houver aumentos de custos, esses valores serão negativos. Poderemos observar isso claramente no exemplo 18, no caso dos custos totais previstos para a nova máquina, no primeiro ano, que, na situação sem o projeto, seria de R$ 650 mil, e com a nova máquina passaria para R$ 500 mil, ou seja, uma redução de custos totais de R$ 150 mil, que aparece no fluxo de caixa incremental com o sinal positivo. Já no caso das vendas líquidas previstas, a situação *status quo* prevê R$ 2.100 mil anuais, e com a aquisição da nova máquina essas vendas líquidas passariam para R$ 2.600 mil anuais, ou seja, um aumento de receitas líquidas de R$ 500 mil anuais.

Para efeito de cálculo de cada fluxo de caixa periódico, recomendamos a formatação do conceito pela expressão 7, como utilizamos na figura 6:

$$\Delta FC_t = FC_{COM_t} - FC_{SEM_t} \qquad (7)$$

onde: ΔFC_t representa o fluxo de caixa incremental, no tempo t; FC_{COM_t} indica o fluxo de caixa da situação com o projeto no tempo t; e FC_{SEM_t} indica o fluxo de caixa da situação sem o projeto no tempo t. Devemos sempre considerar o sinal convencional representativo de cada fluxo de caixa, ou seja, as entradas de caixa são positivas e as saídas de caixa, negativas.

No caso do exemplo 18, aplicamos a expressão 7, para o tempo t = 1, da seguinte forma:

- vendas líquidas: FC_{COM_1} = + R$ 2.600.000; FC_{SEM_1} = – R$ 2.100.000
  ΔFC_1 = + R$ 2.600.000 – (+ R$ 2.100.000) = + R$ 500.000
- custos totais: FC_{COM_1} = – R$ 500.000; FC_{SEM_1} = – R$ 650.000
  ΔFC_1 = – R$ 500.000 – (– R$ 650.000) = + R$ 150.000

FLUXOS DE CAIXA DE PROJETOS DE INVESTIMENTO

Segundo Ross, Westerfield e Jaffe (2009), ao estudarmos a viabilidade financeira de um projeto, somente os fluxos de caixa que são incrementais ao projeto devem ser utilizados. Esses fluxos de caixa incrementais representam as mudanças dos fluxos de caixa da empresa que decorrem diretamente da aceitação da viabilidade do projeto.

Exemplo 18

A Indústria Grajaú Ltda. está pretendendo modernizar a máquina de produção de seu único produto, o componente Marte. Caso a empresa mantenha a máquina atual, as vendas líquidas previstas serão da ordem de R$ 2.100.000/ano, sem crescimento, custos totais de R$ 650 mil, no próximo ano, com crescimento de 5% ao ano e despesas totais fixas de R$ 150 mil/ano. Com o projeto de modernização, a empresa precisará investir, sem captação de recursos de terceiros, R$ 1.200.000 na máquina nova, cujo valor residual estimado é de R$ 180 mil, depois de cinco anos, período estipulado para essa nova fase de produção. Os estudos mostram que, com a modernização, os resultados previstos são os seguintes: vendas líquidas de R$ 2.600.000/ano, sem crescimento; custos totais de R$ 500 mil, no primeiro ano, com crescimento de 5% ao ano; e despesas totais fixas de R$ 200 mil/ano. Consideraremos a taxa anual de depreciação de 20% ao ano para as máquinas e a alíquota de IRPJ/CSSL de 34%. Elabore o fluxo de caixa do projeto, pelo ponto de vista do acionista. Os valores são referentes a maio de 2017.

Elaboramos o fluxo incremental pelas diferenças entre as situações COM e SEM o projeto de modernização:

Moeda: R$. 10^3 (maio 2017)

Discriminação		Ano 0	Ano 1	Ano 2	Ano 3	Ano 4	Ano 5
(+)	Aumento das receitas líquidas		500,00	500,00	500,00	500,00	500,00
(+)	Redução dos custos totais		150,00	157,50	165,40	173,60	182,30
(-)	Aumento de despesas fixas		-50,00	-50,00	-50,00	-50,00	-50,00
(-)	Depreciação		-240,00	-240,00	-240,00	-240,00	-240,00
(=)	Lajir		360,00	367,50	375,40	383,60	392,33
(-)	Despesas financeiras		–	–	–	–	–
(=)	Lair		360,00	367,50	375,40	383,60	392,33
(-)	IRPJ/CSSL		-122,40	-124,95	-127,63	-130,44	-133,39
(=)	Lucro líquido		237,60	242,60	247,70	253,20	258,90
(+)	Depreciação		240,00	240,00	240,00	240,00	240,00
(-)	Investimentos	-1.200,00					
(+)	Financiamento						
(-)	Amortizações do principal						
(-)	Capital de giro						
(+)	Valor residual						180,00
(=)	FCLA incremental	-1.200,00	477,60	482,60	487,70	493,20	678,90

Fluxo de caixa do projeto *versus* lucro contábil

Brigham, Gapenski e Ehrhardt (2001) enfatizam em seu trabalho a importância do entendimento das quatro principais formas pelas quais o fluxo de caixa de um projeto é diferente do lucro contábil. Não devemos cometer erros recorrentes durante a estimativa de fluxos de caixa, pois precisamos ter sempre em mente que as decisões de orçamento de capital são baseadas exclusivamente em fluxos de caixa e não em lucros contábeis, bem como entender que os fluxos de caixa incrementais são relevantes.

Ainda segundo esses autores, os fluxos de caixa apresentam algumas diferenças importantes em relação ao lucro contábil:

- a maioria dos projetos de investimento precisa de ativos fixos, e os recursos utilizados para aquisição desses ativos devem ser originários dos investidores, tanto acionistas quanto credores; em finanças, as aquisições de ativos fixos são tratadas como saídas de caixa, mas, em contabilidade, as compras de ativos fixos não são demonstradas como uma dedução do lucro contábil;
- na composição do lucro líquido, a contabilidade geralmente subtrai algumas despesas que não representam saídas de caixa, como as depreciações, por exemplo; em finanças, na elaboração dos fluxos de caixa, as depreciações reduzem os lucros apenas para fins tributários e, por isso, não representam uma saída de caixa, devendo ser adicionadas de volta após o lucro líquido dos fluxos de caixa;
- em contabilidade, as diferenças entre os ativos circulantes e os passivos circulantes representam as mudanças no CG operacional líquido. Geralmente, essas mudanças são positivas e existe a necessidade de um financiamento adicional para esse capital de giro; na elaboração dos fluxos de caixa,

ao final da vida do projeto, os estoques serão utilizados, mas não serão repostos, e as contas a receber entrarão no caixa, sem reposição; dessa forma, o investimento em CG retornará ao caixa, no final da vida do projeto.

Precisamos relembrar que os fluxos de caixa de projetos de investimento adotam o regime de caixa para a alocação dos valores estimados em cada período, como foi mostrado no capítulo 1, enquanto o demonstrativo de lucro contábil DRE adota o regime de competência. O regime de caixa é fundamental em finanças, especialmente para o cálculo do VPL, que utiliza o conceito do valor do dinheiro no tempo.

Em resumo, todos os fluxos de caixa livres estimados devem ser incrementais, considerando as situações com e sem o projeto, podem seguir a ótica do acionista (FCLA) e da empresa (FCLE), utilizando moeda constante ou nominal.

A importância do capital de giro para o projeto

Ross, Westerfield e Jaffe (2009) definem o capital de giro como a diferença entre ativo circulante e passivo circulante. Quando positivo, os ativos circulantes são maiores do que os passivos circulantes, fato que significa que o volume de dinheiro que se tornará disponível nos 12 meses seguintes será maior do que o volume que precisará ser desembolsado.

Ainda segundo esses autores, o investimento em capital de giro é uma parte importante de qualquer análise de orçamento de capital, ou seja, deve ter um papel de destaque na elaboração dos fluxos de caixa de projetos e empresas. Um investimento em capital de giro surge sempre que matérias-primas e outros estoques são adquiridos antes da venda de produtos acabados, os saldos de caixa são mantidos no projeto como proteção contra despesas inesperadas e as vendas a prazo são efetuadas, gerando contas as receber, em vez de caixa.

Em outras palavras, a necessidade de capital de giro ocorre quando existe descasamento entre as contas a receber e as contas a pagar. Caso as receitas e despesas possam ocorrer simultaneamente, não haverá a necessidade de capital de giro. O capital de giro é o recurso financeiro que permite à empresa operar "no azul", enquanto aguarda os pagamentos pelos produtos vendidos.

A maioria das empresas precisa comprar estoques variados, ou seja, investir na compra de mercadorias, para oferecer produtos aos seus clientes. A aquisição de estoques custa dinheiro, e as empresas podem permanecer com esses estoques parados em suas prateleiras ou depósitos por algum tempo. Além disso, as empresas concedem prazos maiores para os clientes pagarem as compras, enquanto precisam pagar seus fornecedores em prazos menores ou mesmo antecipadamente.

Para entendermos o conceito do capital de giro, de forma mais simples, imaginemos, hipoteticamente, a Indústria Guaratiba Ltda., que fabrica e vende somente o produto X, por R$ 500,00 a unidade, com prazo de 45 dias para pagamento, por meio de cheque pré-datado. Porém, o fornecedor da matéria-prima do produto X concede um prazo para pagamento somente de 20 dias, e as demais despesas da empresa são pagas a cada 30 dias. Dessa forma, se a Indústria Guaratiba Ltda. recebe por suas vendas a cada 45 dias e tem de pagar seus custos com a matéria-prima a cada 20 dias e quitar as demais despesas a cada 30 dias, podemos concluir que existe um descasamento entre os fluxos de caixa da firma e, em algum momento, haverá um problema de caixa, caso não exista um capital inicialmente previsto para garantir toda essa operação. Esse é o capital de giro de que a Indústria Guaratiba Ltda. precisa para não recorrer às caríssimas linhas de empréstimos de curto prazo ou pagar altas taxas de descontos pelos cheques pré-datados.

Gitman (2010) também define o capital de giro como a diferença entre o ativo circulante e o passivo circulante de uma empresa. Ele afirma que uma empresa tem capital de giro líquido positivo quando o ativo circulante supera o passivo circulante e, em caso contrário, o capital de giro líquido fica negativo.

Na estrutura do balanço patrimonial de uma empresa, o ativo circulante é formado pelas disponibilidades de caixa, saldos bancários, cheques em cobrança e aplicações financeiras de liquidez imediata, realizáveis de curto prazo, como duplicatas, contas e cheques a receber, impostos a recuperar, despesas antecipadas e adiantamento a fornecedores e empregados, e estoques. Já o passivo circulante são as obrigações de curto prazo, tais como as contas, duplicatas, tributos e salários a pagar, dívidas com fornecedores e empréstimos bancários.

A figura 7 representa, esquematicamente, o balanço patrimonial de uma empresa, em que podemos observar que o capital de giro é a parcela do ativo circulante que é financiada por fontes permanentes, de longo prazo. Quanto maior o capital de giro da empresa, maior será sua liquidez e menor o risco de insolvência no curto prazo. Para entendermos a figura a seguir, as siglas têm os seguintes significados: AC = ativo circulante; PC = passivo circulante; RLP = realizável a longo prazo; AP = ativo permanente; ELP = exigível de longo prazo; PL = patrimônio líquido; CG = capital de giro.

Outra forma simples para entendermos a razão pela qual a análise do capital de giro de uma empresa é necessária, é observarmos o que ocorre quando não o levamos em conta. Suponhamos que um empresário que acaba de montar a empresa Ótica Bons Olhos para vender óculos de um único tipo, ao preço unitário de venda de R$ 10,00. As estimativas de vendas para os próximos quatro meses são apresentadas no fluxo de caixa do quadro 9, em moeda constante. O custo variável unitário é de R$ 3,80 e os custos fixos da empresa são de R$ 6 mil por mês. Todas as vendas serão realizadas à vista e a alíquota do IRPJ/CSLL é de 30%.

Figura 7
Esquema do balanço patrimonial

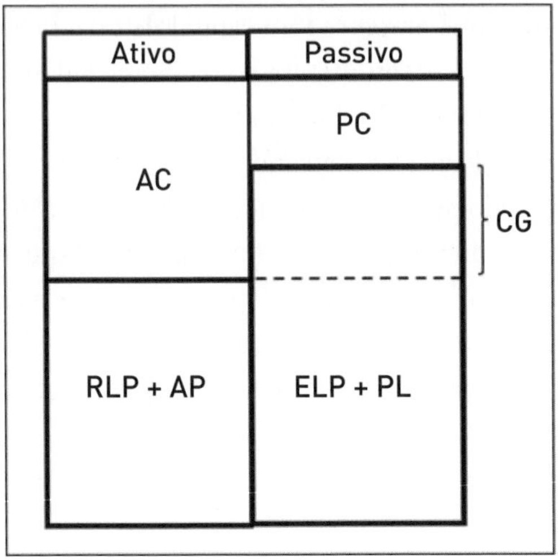

Ativo	Passivo
AC	PC
	─── CG
RLP + AP	ELP + PL

Quadro 9
Resultados previstos para a Ótica Bons Olhos

Moeda: R$ (maio 2017)

Item	JAN	FEV	MAR	ABR
Vendas (unidades)	1.000	1.500	2.250	3.375
Receitas	10.000,00	15.000,00	22.500,00	33.750,00
Custos fixos	-6.000,00	-6.000,00	-6.000,00	-6.000,00
Custos variáveis	-3.800,00	-5.700,00	-8.550,00	-12.825,00
LAIR	200,00	3.300,00	7.950,00	14.925,00
IRPJ/CSLL	-60,00	-990,00	-2.385,00	-4.477,50
Fluxo de caixa operacional	140,00	2.310,00	5.565,00	10.447,50

Suponhamos, agora, que todos os seus vendedores voltaram sem conseguir vender nada, alegando que é imprescindível a concessão de um prazo de pagamento de 90 dias para os clientes, pois esse é um padrão adotado por toda a concorrência na região. Diante dessa situação, o empresário aceita a imposição do mercado e concede 90 dias de prazo aos clientes, mas procura negociar com seus fornecedores um relaxamento no prazo de pagamento e consegue 60 dias. Além disso, o empresário consegue 30 dias para pagar seus custos fixos (aluguel, salários, prestações assumidas etc.). O quadro 10 apresenta o novo demonstrativo de resultados previstos.

Quadro 10
Resultados previstos para a Ótica Bons Olhos (modificado)

Moeda: R$ (maio 2017)

Item	Jan.	Fev.	Mar.	Abr.
Vendas (unidades)	1.000	1.500	2.250	3.375
Receitas	0,00	0,00	0,00	10.000,00
Custos fixos	0,00	-6.000,00	-6.000,00	-6.000,00
Custos variáveis	0,00	0,00	-3.800,00	-5.700,00
Lair	0,00	-6.000,00	-9.800,00	-1.700,00
IRPJ/CSLL	-60,00	-990,00	-2.385,00	-4.477,50
Fluxo de caixa operacional	-60,00	-6.990,00	-12.185,00	-6.177,50

Como podemos perceber, a Ótica Bons Olhos precisa dimensionar um valor, que deverá ficar separado dos demais negócios operacionais da empresa, para utilização nas movimentações financeiras necessárias nos períodos em que precisa fazer frente a seus pagamentos, sem a cobertura dos recebimentos de suas vendas. Esse valor é chamado de capital de giro (CG). Portanto, o gestor da Ótica Bons Olhos precisa dimensionar esse capital de giro e saber o momento de sua utilização.

Pelas condições do novo fluxo comercial da Ótica Bons Olhos, observa-se que a empresa terá necessidade de capital de giro, pois o primeiro recebimento ocorrerá em 90 dias e haverá pagamentos previstos para a data zero, IR, e para 30 e 60 dias. Em outras palavras, existirá um descasamento entre os recebimentos e pagamentos da empresa.

Cálculo da necessidade de capital de giro

A necessidade de capital de giro (NCG), em inglês *working investment* (WI), é função da atividade da empresa e varia com as vendas e com o ciclo financeiro. A NCG é a diferença entre os ativos e passivos circulantes cíclicos (de origem estritamente operacional) também chamados ativos e passivos circulantes operacionais. A NCG é muito sensível às modificações que ocorrem no ambiente econômico em que a empresa opera. O ciclo financeiro, também conhecido como ciclo de caixa, é o tempo decorrido entre os pagamentos a fornecedores e os recebimentos das vendas.

Quando a NCG > 0, os ativos circulantes operacionais são maiores que os passivos circulantes operacionais. Um bom exemplo de empresas que apresentam NCG < 0 são os supermercados e empresas de transportes coletivos, que dispõem de recursos pela venda de seus produtos antes de ter de honrar com o pagamento aos fornecedores.

A NCG pode ser definida como aquela cuja rotação do ativo circulante seja suficiente para pagar o passivo circulante, nas datas dos vencimentos. Assim, a NCG mostrará qual é o capital de giro mínimo que a empresa precisa ter para, através da rotação de seu ativo circulante, poder gerar recursos suficientes para pagar suas dívidas imediatas, sem precisar recorrer aos onerosos empréstimos de curto prazo. Essa rotação é decorrente do ciclo operacional de produção da empresa em comparação com seu ciclo financeiro. O ciclo operacional é intervalo de tempo entre a data da compra e o recebimento do cliente.

Considerando que a NCG é uma necessidade permanente da empresa, é razoável que o capital de giro seja financiado preferencialmente por recursos permanentes. O ativo e o passivo são relacionados com o tempo, e algumas contas apresentam uma movimentação muito mais lenta quando analisadas em relação a um conjunto de outras contas. Assim, numa análise de curto prazo, elas podem ser consideradas permanentes.

Como já mencionado, o ativo cíclico corresponde às atividades operacionais da empresa cujas contas principais possuem financiamento espontâneo dado pela própria empresa, como duplicatas a receber e estoques. São chamados cíclicos porque são renováveis, periodicamente, assim que realizados conforme o ritmo do negócio da empresa. O passivo circulante cíclico corresponde às contas principais de financiamento espontâneo recebidas pela empresa que são diretamente relacionadas com a atividade operacional e são renováveis, ou seja, são as contas de fornecedores, despesas provisionadas (salários, impostos, obrigações previdenciárias etc.) e adiantamentos de clientes. O quadro 11 mostra as composições do ativo e do passivo circulantes cíclicos.

Quadro 11
Composição do ativo e do passivo circulantes cíclicos

Ativo circulante cíclico	=	Duplicatas a receber	+	Estoques	+	Adiantamento a fornecedores	+	Despesas antecipadas
Passivo circulante cíclico	=	Fornecedores	+	Provisão para pagamento de salários e tributos	+	Adiantamento a clientes		

Assim, quando as saídas de caixa ocorrem antes das entradas, é criada uma necessidade de aplicação permanente de fundos (NCG), representada pela diferença entre ativo cíclico e o passivo cíclico.

A política de administração do capital de giro da empresa passa pela gestão de quatro fatores principais: vendas, política de estoques, prazos concedidos e prazos recebidos. A equação desses fatores determina a NCG.

A NCG aumenta quando as vendas aumentam e vice-versa, com variações diretamente proporcionais. A NCG aumenta quando há maior concessão de prazos pela empresa a seus clientes e reduz-se quando ocorre um aumento dos prazos concedidos pelos fornecedores. Quanto aos estoques, um acúmulo maior aumenta a NCG, dada a imobilização temporária de recursos nesses estoques. O capital de giro e a NCG aumentam ou diminuem conforme o andamento das transações da empresa. O exemplo 19 mostra o cálculo da NGC, pelo método do ciclo financeiro do quadro 11.

Exemplo 19

A Santa Cruz Veículos precisa calcular sua necessidade de capital de giro para seu projeto de expansão. Para isso, fez previsões anuais de vendas, custos, despesas, tributos e estoque, além de definir os prazos médios para a realização dessas movimentações financeiras.

Item	Previsão anual R$	Prazo médio de realização (dias)	Conta cíclica* R$
(+) Faturamento das vendas	4.000.000	45	500.000
(-) Custos fixos e variáveis	1.800.000	20	100.000
(-) Despesas diversas	600.000	30	50.000
(-) Tributos	480.000	30	40.000
(+) Estoque	1.000.000	90	250.000
(=) Resultado líquido	2.120.000		560.000
ATIVO CIRCULANTE OPERACIONAL			
(+) Contas a receber (receitas de venda)			500.000
(+) Estoque			250.000
(=) Contas cíclicas do ativo			750.000
PASSIVO CIRCULANTE OPERACIONAL			
(-) Fornecedores (custos fixos e variáveis)			100.000
(-) Outras contas a pagar (despesas diversas)			50.000
(-) Tributos			40.000
(=) Contas cíclicas do passivo			190.000
NECESSIDADE DE CAPITAL DE GIRO (Investimento inicial no ano zero)			560.000

* Conta cíclica corresponde ao valor médio a cada período médio de realização. Por exemplo, no item das "receitas brutas", corresponde a uma venda de R$ 500 mil a cada 45 dias, em média; nos custos fixos e variáveis, um desembolso de R$ 100 mil a cada 20 dias, em média.

O cálculo da NCG por meio do ciclo financeiro da empresa possibilita ter por base as políticas de prazos médios de recebimentos e de pagamentos e o volume de vendas, conforme explicamos a seguir. No caso da Santa Cruz Veículos, do exemplo 19, a previsão anual do faturamento das vendas de R$ 4 milhões, considerando o prazo médio de pagamento para seus clientes, corresponde à média de recebimento de R$ 500 mil, a cada 45 dias, para efeito de cálculo da NCG. Para chegarmos a esse valor, multiplicamos o valor anual pela fração anual do prazo: R$ 4.000.000,00 × (45 / 360) = R$ 500.000,00.

Para a estimativa anual dos custos fixos e variáveis, a Santa Cruz Veículos prevê R$ 1.800.000,00, considerando o prazo médio de 20 dias para pagamento, concedido pelos fornecedores. Assim, o valor médio de pagamento aos fornecedores será de R$ 100 mil, a cada 20 dias: R$ 1.800.000,00 × (20 / 360).

Variação do capital de giro no fluxo de caixa de projetos

Na montagem de fluxos de caixa de projetos, devemos considerar os investimentos em capital de giro, bem como as possíveis variações da NCG ao longo do horizonte de estudo, para que haja a garantia de sucesso do fluxo comercial do projeto e, em consequência, a viabilidade financeira do mesmo. O capital de giro insuficiente poderá comprometer o sucesso do projeto, uma vez que haverá a necessidade da captação dos onerosos recursos de curto prazo, como já mencionado. Na prática, dizemos que o capital de giro não pode ser consumido, pois ele é dimensionado para "girar" dentro do projeto. Por isso, o capital de giro investido ao longo do projeto deverá ser recuperado na data terminal, integralmente.

Para entendermos de forma simples essa recuperação do capital de giro ao final do projeto, imaginemos um projeto hipotético de um único período de um mês, cujo investimento inicial seja de R$ 50 mil e o fluxo de caixa líquido resultante, no período 1, seja de R$ 80 mil. Como podemos verificar, trata-se de um projeto com grande indicação de viabilidade, pois o seu VPL, para uma TMA de 2% ao mês, é de R$ 28,4 mil, com uma TIR de 60% ao mês. Entretanto, esse projeto pode estar fadado ao insucesso caso não seja considerado o capital de giro em seu fluxo de caixa. Isso poderá ocorrer porque temos de verificar se o fluxo comercial previsto para o projeto está consistente, ou seja, se não haverá algum descasamento entre receitas e despesas, pois a previsão de resultado líquido de R$ 80 mil não mostra essa situação, porque se trata de um valor resultante do período. No caso em análise, haverá apenas dois eventos de caixa: um recebimento de venda de R$ 150 mil, 20 dias após o início do projeto, e um pagamento aos fornecedores de R$ 70 mil, 15 dias após o mesmo início. Assim, como foi explicado, a NGC desse projeto é a diferença entre o ativo e passivo circulantes cíclicos, ou seja, R$ 150 mil menos R$ 70 mil, que resulta no montante de R$ 80 mil. Se o projeto não computar um investimento inicial de capital de giro para sustentar o problema de o pagamento ocorrer antes do recebimento, o gestor empresarial, durante a execução do projeto, será obrigado a tomar os onerosos recursos de curto prazo para honrar o pagamento aos fornecedores, fato não previsto originalmente. Caso o projeto tenha a previsão de um fundo de investimento em capital de giro de R$ 80 mil, o gestor poderá "dispor" de R$ 70 mil para pagar o fornecedor e ainda sobrarão R$ 10 mil para eventualidades. Quando ocorrer o recebimento das vendas de R$ 150 mil, o gestor deverá recompor o fundo de investimento em capital de giro com R$ 70 mil, e este retornará ao montante inicial de R$ 80 mil. Dessa forma, fica comprovado que o capital de giro foi recuperado, não sendo consumido. O capital de giro apenas "girou" no projeto. O exemplo 20 mostra essa situação aplicada a um projeto maior.

FLUXOS DE CAIXA DE PROJETOS DE INVESTIMENTO

Exemplo 20

Considere o projeto Tabajara, do exemplo 12, faça uma estimativa de 15% de necessidade de capital de giro, calculados sobre as suas receitas previstas, em função do fluxo comercial previsto para o projeto. Calcule os investimentos em capital de giro e apresente o novo fluxo de caixa do projeto Tabajara.

Moeda: R$. 10^6 (maio 2017)

Discriminação	Ano 0	Ano 1	Ano 2	Ano 3	Ano 4	Ano 5
Receitas brutas		35,00	36,75	38,59	40,52	42,54
Necessidade de CG		5,25	5,51	5,79	6,08	6,38
Investimento em CG	-5,25	-5,51	-5,79	-6,08	-6,38	0,00
Recuperação do CG	0,00	5,25	5,51	5,79	6,08	6,38
Variação do CG	-5,25	-0,26	-0,28	-0,29	-0,30	6,38

A tabela acima mostra que o investimento em CG deve ser considerado no período anterior e recuperado no final do período, e assim por diante, até a data terminal do projeto. Para efeito do fluxo de caixa do projeto Tabajara, devemos inserir uma linha de variação de CG, que retrata os aportes e recuperações de recursos para compensar a NCG. Podemos reparar que, na data terminal do projeto, o valor recuperado do CG corresponde a todos os aportes realizados ao longo do projeto. Isso ocorre porque o CG não será consumido.

Moeda: R$. 10^6 (maio 2017)

	Discriminação	Ano 0	Ano 1	Ano 2	Ano 3	Ano 4	Ano 5
	Receitas brutas		35,00	36,75	38,59	40,52	42,54
(-)	Tributos		-4,20	-4,41	-4,63	-4,86	-5,11
(=)	Receitas líquidas		30,80	32,34	33,96	35,65	37,44
(-)	Custos fixos		-2,50	-2,50	-2,50	-2,50	-2,50
(-)	Custos variáveis		-5,00	-5,15	-5,30	-5,46	-5,63
(-)	Despesas diversas		-1,50	-1,50	-1,50	-1,50	-1,50
(-)	Depreciação		-8,00	-8,00	-8,00	-8,00	-8,00
(=)	LAJIR		13,80	15,19	16,65	18,19	19,81
(-)	Despesas financeiras		-3,00	-2,40	-1,80	-1,20	-0,60
(=)	LAIR		10,80	12,79	14,85	16,99	19,21
(-/+)	IR/CSSL		-3,24	-3,84	-4,46	-5,10	-5,76
(=)	Lucro líquido		7,56	8,95	10,40	11,89	13,45
(+)	Depreciação		8,00	8,00	8,00	8,00	8,00
(-)	Investimentos	-50,00					
(-)	ΔNCG	-5,25	-0,26	-0,28	-0,29	-0,30	6,38
(+)	Financiamento	30,00					
(+)	Amortizações do principal		-6,00	-6,00	-6,00	-6,00	-6,00
(+)	Valor residual						15,00
(=)	FCLA	-25,25	9,30	10,68	12,11	13,59	36,83

Em última análise, o investimento inicial em capital de giro é importante para cobrir o fluxo comercial do projeto e garantir sua rentabilidade, além de ser um investimento puramente financeiro; portanto, não sofre depreciação nem tributação. O investimento em capital de giro sempre será recuperado na data terminal do projeto, porque esse capital não é consumido, como já mencionado, apenas existe o "giro" para cobrir os descasamentos entre as entradas e saídas de caixa ao longo do projeto.

Resumo do capítulo

Abordamos neste capítulo os principais elementos do fluxo de caixa e as premissas básicas para sua correta elaboração. Apresentamos também o fluxo de caixa do acionista (FCLA) e o fluxo de caixa do projeto (FCLE), que serão utilizados nas avaliações pelos métodos quantitativos para a análise de projetos, como será visto no capítulo 4.

Mostramos também a importância do fluxo de caixa incremental e o impacto do capital de giro na composição dos fluxos de caixa do acionista e da empresa.

O capítulo seguinte apresenta os métodos quantitativos mais adequados para a análise da viabilidade dos fluxos de caixa apresentados neste capítulo, para fins de tomada de decisão.

4
Métodos quantitativos para análise de viabilidade de projetos

As análises de projetos de investimento e as avaliações de quaisquer ativos exigem o emprego de métodos técnicos que devem ser seguidos para subsidiar as tomadas de decisão empresariais. Para auxiliar essa difícil tarefa, este capítulo apresenta os principais métodos de classificação de projetos utilizados no mercado corporativo, bem como suas vantagens e desvantagens. O fundamento básico para o entendimento deste capítulo é o conceito do valor presente, aprendido na matemática financeira, que depende primordialmente de taxas de desconto para seus cálculos. Essas taxas foram mostradas no capítulo 2. Os métodos são os seguintes: valor presente líquido (VPL), valor presente líquido anualizado equivalente (VPLAE), custo anual equivalente (CAE), taxa interna de retorno (TIR), taxa interna de retorno modificada (TIRM), *payback* descontado (PBD) e índice de lucratividade líquida (ILL).

Análise de projetos de investimento

O principal objetivo de analisarmos um projeto de investimento é determinar se existe ou não potencialidade de viabilidade financeira do mesmo. Em outras palavras, analisamos projetos para obter resposta às seguintes perguntas: o projeto pode ser implementado com sucesso e atingir os resultados esperados pelos investidores e acionistas? O projeto tem chance de atender ao retorno exigido pelos investidores e acionistas e também gerar riqueza para a empresa?

Precisamos determinar quanto tempo o projeto pode demorar a "se pagar", ou melhor, reembolsar os investimentos aos investidores e acionistas. Além disso, os investidores desejam conhecer a potencialidade de geração de riqueza que devem esperar do projeto em que estão aportando capital e querem saber também se a taxa de retorno do projeto tem chance de ser maior ou menor que a taxa do custo do capital que o financia.

Para responder a essas questões, os investidores se baseiam em métodos quantitativos, também denominados critérios quantitativos, como apresentaremos adiante, que servem para indicar as chances de sucesso ou insucesso do projeto de investimento em estudo, caso as premissas previamente admitidas se concretizem. Os métodos quantitativos carecem de interpretação do analista do projeto.

Os métodos quantitativos mais utilizados no mercado

Os métodos quantitativos utilizados nas análises e classificações de projetos de investimento, orçamentos de capital e avaliação de ativos, também chamados, por alguns autores, de indicadores financeiros, são os seguintes:

- valor presente líquido (VPL);
- valor presente líquido anualizado equivalente (VPLAE);
- custo anual equivalente (CAE);
- taxa interna de retorno (TIR);
- taxa interna de retorno modificada (TIRM);

- *payback* simples (PBS);
- *payback* descontado (PBD);
- índice de lucratividade líquida (ILL).

Neste trabalho, preferimos utilizar a denominação principal "métodos quantitativos" para análise e classificação de projetos de investimento. Em alguns momentos, podemos chamar esses métodos de indicadores de viabilidade financeira, desde que tenhamos o correto entendimento do conceito de indicador financeiro, como mostraremos a seguir.

Brigham, Gapenski e Ehrhardt (2001) ensinam que os indicadores financeiros são calculados para ajudar na análise das demonstrações financeiras das empresas e, na verdade, são relatórios contábeis compostos pelo balanço patrimonial, demonstração dos resultados, demonstração de lucros retidos e a demonstração dos fluxos de caixa. As informações fornecidas por esses relatórios fornecem uma "fotografia" contábil das operações da empresa e sua posição financeira.

Com base nos relatórios contábeis citados, de uma forma geral, os principais indicadores financeiros de uma empresa são os seguintes: margem operacional, margem EBITDA, índice de liquidez, índice de liquidez corrente, estrutura de capital e índice de endividamento/patrimônio.

Cabe lembrar que o EBITDA, cuja sigla em português é LAJIDA, é muito conhecido no mundo contábil-financeiro, pois representa a estimativa de quanto uma empresa gera de recursos por meio de suas atividades operacionais, sem considerar os impostos e outros efeitos financeiros. O LAJIDA é a sigla correspondente ao lucro antes dos juros, impostos, depreciação e amortização, equivalente à sigla em inglês EBITDA (*earnings before interest, taxes, depreciation and amortization*).

Valor presente líquido (VPL)

O valor presente líquido (VPL), do inglês *net present value* (NPV), pode ser considerado o método mais rigoroso e tecnicamente perfeito, e, de maneira geral, o melhor procedimento para comparação de projetos diferentes, mas com o mesmo prazo de vida econômica útil. Matematicamente, o VPL é o valor no presente (t = 0) que equivale a um fluxo de caixa de um projeto, calculado a uma determinada taxa de desconto. Portanto, corresponde à soma algébrica dos resultados periódicos líquidos de um projeto de investimento, ou seja, os fluxos de caixa resultantes de cada período considerado, atualizados a uma taxa de juros que reflita a taxa de retorno exigida pelos investidores, para compensar os riscos inerentes ao mesmo, também conhecida como TMA, como foi mostrado. No caso de fluxos de caixa de empresas, a taxa de desconto utilizada para a atualização é o CMPC, também já mencionado. Assim, haverá indicação de viabilidade do fluxo de caixa se o VPL for positivo e, na escolha entre projetos concorrentes, com mesmo horizonte de tempo, a preferência recairá sobre aquele com maior VPL positivo.

Kato (2012) define o VPL como uma técnica estruturada de análise de orçamento de capital, conceituada como um método determinístico de análise de investimentos, cujo objetivo é computar o somatório entre as entradas e saídas de um fluxo de caixa, ao longo do tempo, e os investimentos iniciais, utilizando uma TMA.

O VPL de um fluxo de caixa de um projeto pode ser calculado pela seguinte expressão, que, na prática, é a mesma expressão 1, mostrada no capítulo 1:

$$\text{VPL} = \sum_{t=0}^{n} \frac{FC_t}{(1+k)^t} \qquad (8)$$

onde: FC_t é o fluxo de caixa resultante líquido do período t; k é a taxa de desconto; n é o horizonte de estudo definido para a análise do projeto.

A figura 8 mostra a representação gráfica do VPL, e nela podemos observar que o VPL é um valor resultante equivalente de todo o fluxo de caixa do projeto, no período zero. Quando positivo, o VPL é representado por um único vetor voltado para cima.

Figura 8
Representação gráfica do VPL

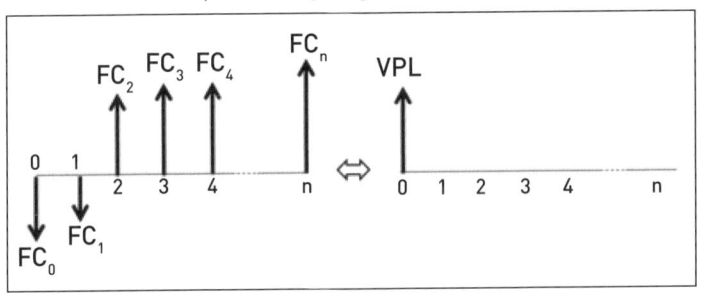

Se o valor do VPL for positivo, então a soma, na data zero, de todos os capitais do fluxo de caixa será maior que o valor investido. Como trabalhamos com estimativas futuras de um projeto de investimento, podemos dizer que o capital investido poderá ser recuperado e remunerado à taxa de juros exigida, e que o projeto gerará um ganho extra, ou seja, um resultado acima do custo do capital na data zero, equivalente ao VPL, conforme exemplificado abaixo. Portanto, o método do VPL estabelece que, enquanto o valor presente das entradas for maior que o valor presente das saídas, descontados pela TMA, o projeto pode ser aceito, conforme mostra o exemplo 21:

- VPL > 0 → o projeto pode ser aceito;
- VPL = 0 → é indiferente aceitar ou rejeitar o projeto;
- VPL < 0 → o projeto deve ser rejeitado.

ANÁLISE DE PROJETOS DE INVESTIMENTO

Em linguagem mais simples, podemos interpretar o VPL como o resultado líquido potencial do projeto de investimento, no tempo presente, após pagamentos de todas os custos diretos e indiretos, despesas administrativas e financeiras, tributos, serviço da dívida e quaisquer outros gastos, e depois da devolução do capital aportado pelos acionistas ou investidores, devidamente remunerado pela taxa de retorno mínima exigida, ou seja, a TMA do capital próprio. O VPL pode ser considerado a riqueza potencial a ser gerada pelo projeto de investimento em análise, caso todos os resultados previstos do fluxo de caixa sejam alcançados.

> **Exemplo 21**
>
> O projeto Aymoré custa, hoje, R$ 3 milhões, sem qualquer tipo de financiamento com capital de terceiros. Esse projeto tem uma previsão de gerar os seguintes resultados líquidos, pelos próximos três anos: R$ 1.500.000,00, em t = 1, R$ 1.750.000,00, em t = 2, R$ 2.100.000,00, em t = 3. Calcule o VPL do projeto Aymoré, considerando as seguintes informações, levantadas pelos investidores: beta desalavancado = 0,97; taxa livre de risco = 5% ao ano; prêmio de mercado = 7% ao ano (data-base: maio de 2017).
>
> Pela expressão 2, do CAPM, encontramos o custo do capital próprio não alavancado da empresa:
> $k_0 = R_f + \beta \cdot (R_m - R_f) = 5\% + 0,97 \cdot (12\% - 5\%) = 11,79\%$ a.a. ◀ k_0
> Com utilização da expressão 8, com $k_0 = 11,79\%$ ao ano (TMA), temos:
> $VPL = \Sigma\ FC_t / (1+k)^t$
> $VPL = -3.000.000,00 + 1.500.000,00 / (1,1179)^1 + 1.750.000,00 / (1,1179)^2 + 2.100.000,00 / (1,1179)^3$
> $VPL = R\$ 1.245.315,27$ ◀ Aceitar o projeto Aymoré, pois o VPL é positivo.

Talvez a única desvantagem do VPL seja a dificuldade para a determinação da taxa de desconto, dependendo do tipo de fluxo de caixa. Os pontos fortes do VPL são a inclusão de todos os capitais do fluxo de caixa e o custo do capital, além da informação sobre o aumento ou decréscimo do valor da empresa.

O conceito de equivalência financeira é de fundamental importância no raciocínio do VPL, pois dois ou mais fluxos de caixa de mesma escala de tempo são equivalentes quando produzem idênticos valores presentes num mesmo momento, calculados à mesma taxa de desconto. Para que possamos avaliar opções de investimentos, é indispensável a comparação de todos os fatores em uma mesma data, ou seja, na data zero, para proceder ao cálculo do VPL dos fluxos de caixa em estudo.

Em suma, o VPL serve para indicar a potencialidade de um projeto valer mais do que custa, ou seja, se o projeto tem possibilidade de gerar riqueza e criar valor para os acionistas da empresa. O VPL serve para medir, antecipadamente, o resultado previsto para um projeto. É a diferença entre quanto custa e quanto vale um projeto, a valores de hoje, incorporando o valor do dinheiro no tempo. Se positivo, indica que o projeto considerado terá capacidade de devolver o capital investido, devidamente remunerado pela taxa de retorno exigida pelos investidores, ou seja, atender à TMA, e, ao mesmo tempo, gerar riqueza e aumentar o valor de mercado da empresa.

Valor presente líquido anualizado equivalente (VPLAE)

O valor presente líquido anualizado equivalente (VPLAE), do inglês *equivalent annual net present value* (EANPV), converte o VPL de um fluxo de caixa de um projeto de investimento em uma série uniforme de valores (pagamentos ou recebimentos), considerando uma dada taxa mínima de atratividade, conforme as regras da equivalência entre capitais a juros compostos, definidas na matemática financeira.

O método do VPLAE transforma todas as entradas e saídas de um fluxo de caixa, ou seja, valores positivos de receitas ou resultados líquidos e negativos de investimentos ou desembolsos, em uma série uniforme de valores equivalentes periódicos, geralmente anuais, indicando, assim, o valor resultante líquido, por período, do projeto de investimento considerado. Em outras palavras, o VPLAE é um valor anual, equivalente ao VPL, a juros compostos, ao longo do horizonte de tempo de estudo do projeto. Matematicamente, o valor presente da série de VPLAE equivale ao próprio VPL, considerando a mesma taxa de desconto. Apesar de ser conhecido como uma série anualizada, o VPLAE também pode ser calculado como uma série periódica qualquer, ou seja, semestral, trimestral ou mensal. Entretanto, em análise de projetos de investimento, é mais comum encontrarmos os fluxos de caixa divididos em períodos anuais.

A formulação matemática para o cálculo do VPLAE é função do VPL, conforme a expressão abaixo, que desagrega o VPL em valores periódicos, iguais e sucessivos, positivos ou negativos, conforme o caso.

$$\text{VPLAE} = \text{VPL} \cdot \left[\frac{k \cdot (1+k)^n}{(1+k)^n - 1} \right] \quad (9)$$

onde: k é a taxa de desconto, geralmente, TMA (k_0 ou k_e) ou CMPC; n é o horizonte de estudo definido para a análise do projeto.

A figura 9 mostra a representação gráfica do VPLAE. Nela, podemos observar que o VPLAE é um valor periódico equivalente ao VPL e, ao mesmo tempo, a todo o fluxo de caixa do projeto. Quando positivo, o VPLAE é representado por vetores voltados para cima, a partir do primeiro período, até o último período do horizonte de tempo definido para a análise do projeto.

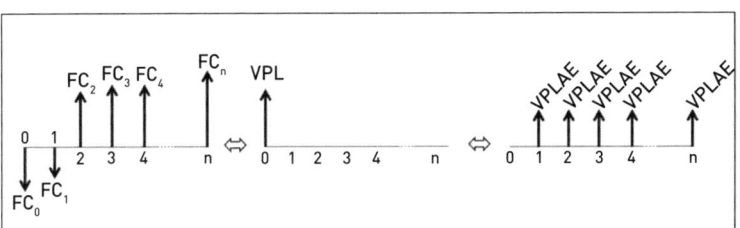

Figura 9
Representação gráfica do VPLAE

Geralmente, os horizontes de estudo dos projetos de investimento de um orçamento de capital são iguais, para fins de simplificação da comparação entre as opções existentes. Entretanto, existem casos de projetos de investimento com horizontes de estudo diferentes e, pelos princípios das finanças corporativas, projetos de diferentes tempos de duração não são comparáveis.

Para resolvermos esse impasse, deveríamos adotar o mínimo múltiplo comum (MMC) dos horizontes de planejamento dos projetos de diferentes tempos de duração, de modo que seja possível a comparação entre eles, numa mesma base temporal. Por exemplo, suponhamos a comparação dos projetos A e B, com horizontes de estudo de sete e nove anos, respectivamente. Com base no método citado, a comparação entre esses dois projetos seria feita para um horizonte de 63 anos, que é o MMC entre sete e nove. Assim, a comparação entre os dois projetos seria realizada pelo artifício da elaboração de dois fluxos de caixa hipotéticos, com 63 anos cada um, da seguinte forma: o fluxo de caixa do primeiro projeto hipotético seria construído pela repetição do projeto A original, de sete anos, nove vezes, para ficar com um horizonte de 63 anos; da mesma forma, o fluxo de caixa do segundo projeto hipotético seria formado pela repetição do projeto B original, de nove anos, sete vezes, para ficar também com 63 anos. Dessa forma, ambos os projetos hipotéticos ficariam com 63 anos e poderiam ser comparados.

Entretanto, esse método é bastante trabalhoso, principalmente para a comparação entre projetos de longas durações. Para simplificar o processo acima, o método do VPLAE deve ser utilizado, em virtude de sua equivalência financeira com o VPL. Portanto, o método do VPLAE obedece às mesmas regras do VPL, conforme segue:

VPLAE > 0 → o projeto pode ser aceito;
VPLAE = 0 → é indiferente aceitar ou rejeitar o projeto;
VPLAE < 0 → o projeto deve ser rejeitado.

A comprovação da utilização do VPLAE na comparação de projetos com horizontes de tempo diferentes é mostrada no exemplo 21, a partir do seguinte procedimento: inicialmente, calculamos, os VPLs de cada projeto, utilizando a mesma TMA e considerando seus tempos de duração originais; em seguida, devemos aplicar a expressão 9, para encontrarmos o VPLAE; por fim, calculamos o valor presente da série uniforme de VPLAE e encontramos um valor idêntico ao VPL.

Além da possibilidade de comparação de projetos com diferentes horizontes de tempo, o VPLAE é mais vantajoso que o VPL para a avaliação de projetos com longos prazos de duração, com a possibilidade hipotética de serem repetidos indefinidamente após sua vida útil, para que a informação de ganho anual fique mais clara.

Cabe ressaltar que não devemos calcular o VPLAE pela simples divisão do VPL pelo número de anos do horizonte de estudo, pois, se fizermos isso, não estaremos levando em conta o valor do dinheiro no tempo, premissa básica da equivalência de capitais a juros compostos, preconizada pela matemática financeira.

> **Exemplo 22**
>
> A Agroindustrial Campo Belo Ltda. deseja avaliar quantitavamente os projetos Alfa e Beta, cujas previsões dos fluxos de caixa líquidos dos acionistas são mostradas na planilha abaixo. A TMA considerada é de 10% ao ano.
>
> Moeda: R$ (maio 2017)
>
> | Ano | Fluxo de caixa líquido do acionista | |
> |---|---|---|
> | | Alfa | Beta |
> | 0 | -100.000,00 | -150.000 |
> | 1 | 30.000,00 | 35.000 |
> | 2 | 30.000,00 | 35.000 |
> | 3 | 30.000,00 | 35.000 |
> | 4 | 30.000,00 | 35.000 |
> | 5 | 40.000,00 | 37.500 |
> | 6 | 40.000,00 | 37.500 |
> | 7 | 40.000,00 | 45.000 |
> | 8 | – | 45.000 |
> | 9 | – | 45.000 |
>
> Inicialmente, calculamos os VPL dos projetos, para a TMA de 10% ao ano.
>
> Com a utilização da expressão 8, temos:
>
> $VPL = \Sigma\ FC_t / (1+k)^t$
>
> VPL_{ALFA} = -100.000,00 + 30.000,00 / $(1,10)^1$ + 30.000,00 / $(1,10)^2$ + 30.000,00 / $(1,10)^3$ + 30.000,00 / $(1,10)^4$ + 40.000,00 / $(1,10)^5$ + 40.000,00 / $(1,10)^6$ + 40.000,00 / $(1,10)^7$ = 63.038,10 ◄
>
> VPL_{BETA} = -150.000,00 + 35.000,00 / $(1,10)^1$ + 35.000,00 / $(1,10)^2$ + 35.000,00 / $(1,10)^3$ + 35.000,00 / $(1,10)^4$ + 37.500,00 / $(1,10)^5$ + 37.500,00 / $(1,10)^6$ + 45.000,00 / $(1,10)^7$ + 45.000,00 / $(1,10)^8$ + 45.000,00 / $(1,10)^9$ = 68.566,95 ◄ MAIOR VPL
>
> Agora, pela expresssão 9, calculamos os VPLAE de cada projeto, para seus respectivos tempos de duração:
>
> $VPLAE = VPL \times \{[k \times (1+k)^n] / [(1+k)^n - 1]\}$
>
> $VPLAE_{ALFA}$ = 63.038,10 × $\{[0,10 \times (1,10)^7] / [(1,10)^7 - 1]\}$ = 12.948,37 ◄ MELHOR PROJETO
>
> $VPLAE_{BETA}$ = 68.566,95 × $\{[0,10 \times (1,10)^9] / [(1,10)^9 - 1]\}$ = 11.906,00 ◄
>
> Conclusão: Como podemos observar, ambos os projetos são potencialmente viáveis, pois apresentam seus respectivos VPL positivos. Contudo, como os horizontes de tempo dos projetos são diferentes, não podemos fazer a comparação pelo VPL, mesmo sabendo que o projeto Beta apresenta um VPL maior que o projeto Alfa. Então, o método do VPLAE indica o projeto Alfa como mais viável, porque possui um VPLAE maior do que o projeto Beta. A comprovação matemática do VPLAE, por equivalência a juros compostos, pode ser feita se encontrarmos os valores presentes das duas séries uniformes, à taxa de desconto de 10%, conforme mostrado na figura 9. Certamente os resultados serão iguais aos VPL de cada projeto.

Custo anual equivalente (CAE)

O custo anual equivalente (CAE), do inglês *equivalent annual cost* (EAC), é um caso particular do VPLAE que trata da comparação entre projetos com variações apenas nos investimentos, custos e despesas, ou seja, somente saídas de caixa. Esses tipos de projetos são aqueles que visam à aquisição de equipamentos, máquinas e veículos, considerando apenas seus custos de manutenção e operação, assim como seus valores residuais, sem possibilidade de vincular as receitas produzidas por esses ativos. O CAE também pode ser utilizado para a escolha do tempo ótimo de substituição de ativos, em termos financeiros.

Alguns autores utilizam a terminologia "custo anual uniforme" (CAU) ou "custo anual uniforme equivalente" (Caue). Nos projetos dessa natureza, as receitas não são consideradas ou são difíceis de serem previstas para o fluxo de caixa dos projetos.

O CAE indica o valor do custo total do projeto, por período do horizonte de estudo, geralmente anual, mas que pode ser semestral, trimestral ou mensal. Por estarmos lidando somente com investimentos, custos e despesas, os valores alocados no fluxo de caixa do projeto em estudo serão necessariamente negativos, por convenção, e, assim, representados graficamente por vetores voltados para baixo. Em projetos de custos, pode existir a previsão de um valor residual ao final da vida útil do projeto, que é um valor positivo, porque representa a recuperação do valor investido inicialmente. Esse valor positivo não invalida o cálculo do CAE, como será visto no exemplo adiante.

Diferentemente do VPLAE, o projeto mais viável financeiramente a ser escolhido deverá apresentar o menor valor absoluto do CAE. Para isso, devemos calcular, inicialmente, o valor presente (VP) do fluxo de caixa do projeto, utilizando uma determinada

TMA. Na prática, a fórmula para o cálculo do VP, mostrada pela expressão 1, é a mesma do VPL, da expressão 8. Não podemos chamar o resultado de VPL porque os valores do fluxo de caixa desse tipo de projeto são valores negativos e, por conseguinte, o valor presente, no tempo zero, será obrigatoriamente negativo.

Assim como o VPLAE, o método do CAE também permite a comparação de projetos de horizontes de estudo diferentes.

A formulação matemática para o cálculo do CAE está mostrada a seguir e produzirá valores periódicos, geralmente anuais, iguais, sucessivos e negativos, ao longo do horizonte de tempo do fluxo de caixa do projeto.

$$\text{CAE} = \sum_{t=0}^{n} \frac{FC_t}{(1+k)^t} \cdot \left[\frac{k \cdot (1+k)^n}{(1+k)^n - 1} \right] \qquad (10)$$

onde: FC_t é o fluxo de caixa resultante de investimentos, custos e despesas do período t; k é a taxa de desconto, geralmente, TMA (k_0 ou k_e) ou CMPC; n é o horizonte de estudo definido para a análise do projeto.

A figura 10 mostra a representação gráfica do CAE. Nela, podemos observar que o CAE é um valor periódico equivalente ao VP e, ao mesmo tempo, a todo o fluxo de caixa do projeto.

Figura 10
Representação gráfica do CAE

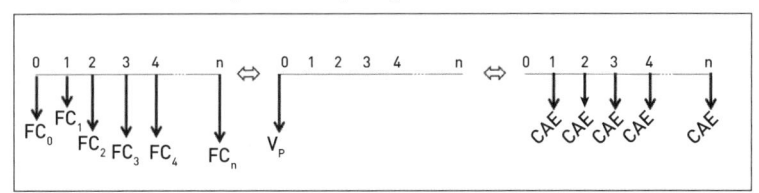

O exemplo 23 apresenta o projeto de aquisição de máquina intermediária da linha de produção da Central Metalúrgica Ltda.

Exemplo 23

A Central Metalúrgica Ltda. precisa adquirir uma importante máquina para sua linha de produção e levantou no mercado duas opções de fabricantes diferentes: Universal e Global. A decisão da empresa deve ser pelo menor custo anual, porque não há como levantar a parcela da receita referente à máquina em questão. Os fluxos de caixa previstos contemplam o investimento inicial, os custos anuais operacionais e de manutenção e o valor residual estimado, ao final da vida útil. A TMA considerada é de 8% ao ano.

Moeda: R$ (maio 2017)

Ano	Fluxos de caixa resultantes das máquinas concorrentes							
	Máquina Universal				Máquina Global			
	Investimento	Custos operacionais manutenção	Valor residual	Fluxo de caixa resultante	Investimento	Custos operacionais manutenção	Valor residual	Fluxo de caixa resultante
0	-420.000,00			-420.000,00	-700.000,00			-700.000,00
1		-44.000,00		-44.000,00		-34.000,00		-34.000,00
2		-44.000,00		-44.000,00		-34.000,00		-34.000,00
3		-44.000,00	84.000,00	40.000,00		-34.000,00		-34.000,00
4	-	-	-	-		-34.000,00		-34.000,00
5	-	-	-	-		-34.000,00	70.000,00	36.000,00

Inicialmente, calculamos os VP dos projetos, para a TMA de 8% ao ano.

Com utilização da expressão 1, temos:

$VP = \Sigma\ FC_t / (1+k)^t$

$VP_{Universal}$ = -420.000,00 - 44.000,00 / (1,08)^1 - 44.000,00 / (1,08)^2 + 40.000,00 / (1,08)^3
= -466.710,36 ◂

VP_{Global} = -700.000,00 - 34.000,00 / (1,08)^1 - 34.000,00 / (1,08)^2 - 34.000,00 / (1,08)^3
- 34.000,00 / (1,08)^4 + 36.000,00 / (1,08)^5 = -788.111,32 ◂

Agora, pela expresssão 10, calculamos os CAE de cada projeto, para seus respectivos tempos de duração:

$CAE = VP \times \{[k \times (1+k)^n] / [(1+k)^n - 1]\}$

$CAE_{Universal}$ = -466.710,36 × {[0,08 × (1,08)^3] / [(1,08)^3 - 1]} = -181.099,26 ◂ MELHOR PROJETO

CAE_{Global} = -788.111,32 × {[0,08 × (1,08)^5] / [(1,08)^5 - 1]} = -197.387,57 ◂

Conclusão: O método do CAE indica a máquina Universal como a melhor, pois apresenta o menor custo anual uniforme equivalente, ou seja, o menor CAE.

Taxa interna de retorno (TIR)

A taxa interna de retorno (TIR), do inglês *internal rate of return* (IRR), é a taxa de desconto que iguala o valor presente das entradas e saídas de um projeto de investimento e serve para determinar a taxa de juros máxima de custo de capital que um projeto suporta pagar. A TIR deve, obrigatoriamente, ser maior do que a taxa de custo do capital que financia o projeto, ou seja, maior que a TMA (k_0 ou k_e) do fluxo de caixa do acionista ou maior que o CMPC do fluxo de caixa do projeto. Entretanto, existem restrições ao uso da TIR, como será abordado adiante, apesar de ser um indicador de larga aceitação e um dos mais utilizados como parâmetro de decisão, muitas vezes de forma equivocada.

A TIR é a taxa intrínseca média de retorno de um projeto, em longo prazo, e é uma função endógena do projeto, pois depende exclusivamente do tamanho, capacidade e eficiência do projeto. A TIR não deve ser considerada uma taxa de remuneração do capital investido no projeto. Por comparação, a taxa de custo do capital depende da taxa de juros e de outros fatores exógenos ao projeto, assim como o VPL depende da taxa de desconto para ser calculado. A TIR, por sua vez, depende apenas dos fluxos de caixa do projeto para ser calculada. Se calcularmos o VPL de um projeto usando como taxa de desconto a taxa TIR, o VPL será zero.

Em termos matemáticos, a TIR de um projeto é a taxa de juros k^* que satisfaz a equação abaixo e está representada graficamente, de forma genérica, na figura 11:

$$\sum_{t=0}^{n} \frac{FC_t}{\left(1+k^*\right)^t} = 0 \tag{11}$$

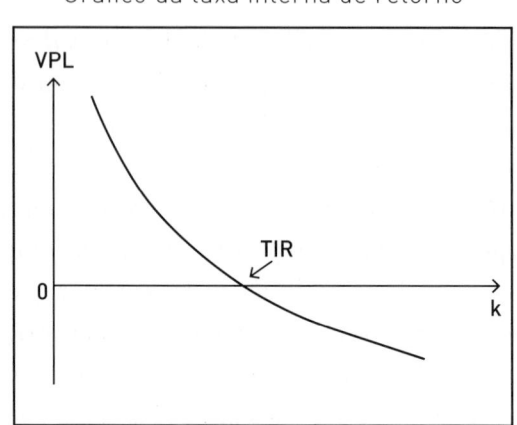

Figura 11
Gráfico da taxa interna de retorno

[Gráfico: curva decrescente de VPL em função de k, cruzando o eixo k no ponto TIR]

O grau da equação da expressão 11 está relacionado com o horizonte de estudo do projeto, acarretando o aparecimento de equações com graus maiores que dois, cuja solução algébrica é extremamente complexa. Esse problema é facilmente solucionado pelas modernas calculadoras financeiras e pelas planilhas eletrônicas, mas também pode ser resolvido "manualmente" por processos iterativos, de tentativa e erro, para se determinar um VPL positivo e outro negativo, correspondentes às duas taxas de juros tomadas arbitrariamente. Em seguida, fazemos uma interpolação linear desses valores para encontrar o VPL igual a zero e, assim, encontrar a TIR desejada, conforme mostrado no exemplo 24.

Um projeto de investimento terá indicação de viabilidade, segundo esse método, se sua TIR for igual ou maior que a taxa de retorno exigida para o capital investido, ou seja, a TMA. Assim, quanto maior a TIR, maior a atratividade do projeto, conforme segue:

- TIR > TMA → o projeto pode ser aceito;
- TIR = TMA → é indiferente aceitar ou rejeitar o projeto;
- TIR < TMA → o projeto deve ser rejeitado.

A TIR não é método para comparação entre opções de projeto, embora possa parecer intuitivo que a opção de maior TIR pode remunerar melhor o capital investido e, portanto, deve ser a escolhida. A TIR não é a taxa de juros que remunera o capital investido, pois a taxa de juros que atende a essa função é a TMA, no caso de sucesso do projeto.

A TIR é um método polêmico e que traz algumas restrições, entre outros problemas, pois pode, simplesmente, não existir matematicamente, ou podemos encontrar mais que uma TIR positiva. Isso ocorre porque a TIR é encontrada pela resolução da equação da expressão 11, que, dependendo de seu grau e de seus fatores, pode produzir uma ou mais raízes positivas ou não produzir raiz alguma. Esse problema pode ser evitado se o cálculo da TIR ficar limitado aos chamados fluxos de caixa convencionais, que são aqueles em que os investimentos antecedem os fluxos positivos, ou seja, não há inversões intermediárias. Nos fluxos convencionais, podemos garantir a existência matemática de uma única TIR.

Um importante problema causado pela TIR é a falsa ideia de que todos os fluxos de caixa positivos são remunerados pela própria TIR, para que seu cálculo possa produzir o efeito de anular o VPL. Logicamente, isso não é verdade, pois a TIR não é uma taxa de juros de mercado e também pode não existir, como mencionado.

Existe também a situação em que a TIR gera um conflito com o VPL para a correta tomada de decisão. Por exemplo, na comparação entre dois ou mais projetos, aquele que tem a TIR mais elevada não necessariamente possui o maior VPL. Portanto, devemos ter cuidado com o uso da TIR para a classificação de projetos, especialmente no caso da escolha entre projetos mutuamente excludentes, quando há grandes diferenças de escala de investimento ou de padrões de comportamento dos fluxos de caixa. O exemplo 24 apresenta uma forma iterativa para o cálculo da TIR.

ANÁLISE DE PROJETOS DE INVESTIMENTO

> **Exemplo 24**
>
> O projeto Estrela precisará de um investimento inicial, em t = 0, de R$ 1 milhão, sem qualquer tipo de financiamento com capital de terceiros. Esse projeto tem uma previsão de gerar os seguintes resultados líquidos: R$ 200 mil, em t = 1, t = 2 e t = 3; R$ 400 mil, em t = 4, e R$ 500 mil, em t = 5. Calcule a TIR do projeto Estrela, considerando uma TMA de 8% ao ano (data-base: maio 2017).
>
> Inicialmente, arbitramos uma taxa de juros de 10% ao ano e, pela expressão 8, calculamos VPL:
>
> VPL = Σ FC_t / $(1+k)^t$
>
> VPL = -1.000.000,00 + 200.000,00 / $(1,10)^1$ + 200.000,00 / $(1,10)^2$ + 200.000,00 / $(1,10)^3$ + + 400.000,00 / $(1,10)^4$ + 500.000,00 / $(1,10)^5$ = 81.036,44 ◄
>
> Como esse VPL resultou em valor positivo, arbitramos outra taxa de juros maior, como 15% ao ano e calculamos novo VPL:
>
> VPL = -1.000.000,00 + 200.000,00 / $(1,15)^1$ + 200.000,00 / $(1,15)^2$ + 200.000,00 / $(1,15)^3$ + + 400.000,00 / $(1,15)^4$ + 500.000,00 / $(1,15)^5$ = - 66.065,31 ◄
>
> Agora, vamos plotar os pontos encontrados no gráfico da figura 6 e supor a função linear. Dessa forma, fazemos a interpolação linear, por semelhança de triângulos, e encontramos o valor da taxa de juros que anula o VPL, ou seja, a TIR. Como mostrado no gráfico abaixo, o valor da TIR corresponde a 12,75% ao ano. Se quisermos uma TIR mais precisa, basta arbitrarmos uma outra taxa de juros menor que 15% ao ano e repetirmos o processo. Se utilizarmos uma calculadora financeira, o valor exato da TIR é de 12,62% ao ano. A calculadora é precisa porque realiza a operação por aproximações sucessivas, até encontrar o resultado desejado, ou seja, a taxa de juros que iguala o VPL a zero.
>
> TIR = 12,75% a.a. ◄ Aceitar o projeto, pois a TIR é maior que a TMA de 8% a.a.

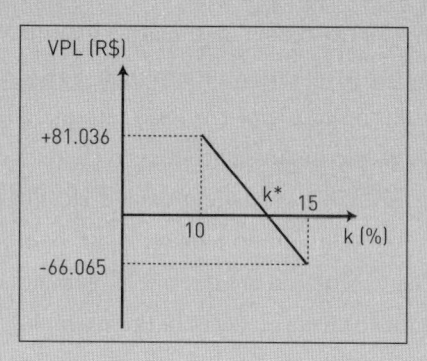

Em virtude de todos esses problemas, muitos artigos científicos recomendam a não utilização da TIR como indicador financeiro de viabilidade em análise de projetos, mas entendemos que a TIR pode ser útil, desde que utilizada de forma correta. Para termos ideia da ampla utilização da TIR no mundo corporativo, diversas pesquisas de instituições renomadas revelam que esse método é amplamente utilizado por mais de 75% dos altos executivos empresariais, que desconhecem os problemas da TIR e a utilizam para avaliar e tomar decisões sobre projetos de investimento.

Em resumo, diante dos diversos problemas da TIR, recomendamos seu uso somente em fluxos de caixa convencionais. Em todas as situações, o VPL deve ser considerado o indicador relevante e sem restrições de uso.

A TIR apresenta a vantagem de ser apresentada na forma de taxa de juros, para ser comparada com a TMA em projetos convencionais, de modo a proporcionar ao analista a margem de segurança para a inviabilidade do projeto.

O VPL é a quantia máxima a que se poderia elevar o custo do investimento, hoje, para que esse ainda continuasse viável. Já a TIR é a taxa de desconto para o qual o VPL de um projeto é igual a zero e, em fluxos convencionais, é o limite da TMA para manter o projeto viável. Para o caso de a TIR existir e ser a única raiz positiva da equação da expressão 11, dizemos que ela pode ser vista como a maior taxa de juros que pode ser paga se todos os recursos necessários forem obtidos via empréstimo ou financiamento.

Em sua obra, Brigham, Gapenski e Ehrhardt (2001) explicam a lógica do método da TIR por meio da resposta à seguinte questão: por que é tão importante a taxa de desconto que iguala o custo do projeto ao valor presente de suas entradas? Essa taxa é a TIR. A resposta tem por base a seguinte lógica: (1) a TIR de um projeto é sua taxa de retorno esperada; (2) caso a TIR ultrapasse o custo das fontes utilizadas para financiar o projeto, um excedente permanece após pagamento pelo uso do capital, e esse excedente pertence aos acionistas da empresa; (3) empreender um projeto cuja TIR excede seu custo de capital aumenta a riqueza dos acionistas; em

ANÁLISE DE PROJETOS DE INVESTIMENTO

caso contrário, se a TIR for menor do que o custo de capital, a implementação desse projeto acarretará custo aos acionistas. Os quatro exemplos a seguir mostram algumas aplicações do método da TIR.

Exemplo 25

Os projetos Bela Vista e Vale Central são mutuamente excludentes e possuem um horizonte de estudo de apenas um ano. O projeto Bela Vista precisa de um investimento inicial de R$ 2.500.000 e prevê a geração de um fluxo de caixa líquido de R$ 3.500.000, no final do ano. O projeto Vale Central exige um investimento inicial de R$ 7.500.000 e promete um fluxo de caixa líquido de R$ 9.750.000, também no final do ano. Considerando uma TMA de 12% ao ano, determine o melhor projeto para investimento (data-base: maio 2017).

Vamos calcular os VPL e TIR de ambos os projetos:

Projeto Bela Vista
Expressão 12: VPL = -2.500.000 + 3.500.000 / (1,12) → VPL = 625.000
Expressão 13: -2.500.000 + 3.500.000 / (1 + TIR) = 0 → TIR = 40%

Projeto Vale Central
Expressão 12: VPL = -7.500.000 + 9.750.000 / (1,12) → VPL = 1.205.357 ◄ maior VPL
Expressão 13: -7.500.000 + 9.750.000 / (1 + TIR) = 0 → TIR = 30%

O projeto Bela Vista apresenta uma TIR mais alta, mas o projeto Vale Central é melhor, pois produz um VPL mais elevado, indicando, assim, maior geração de riqueza para a empresa e atendimento da mesma taxa de retorno exigida pelos investidores, de 12% ao ano. ◄

Exemplo 26

Qual é a TIR do projeto Brasil? O projeto Brasil, em construção civil, precisa de investimento inicial da ordem de R$ 1 milhão e promete pagar aos seus investidores um único fluxo de caixa, no valor de R$ 1.300.000,00, em t = 1. Considerando que a TMA desse projeto seja de 20% ao ano, você investiria no projeto Brasil? (data-base: maio 2017).

Partindo da definição de que a TIR é taxa "k" que torna o VPL = 0, devemos aplicar a expressão 13 para calcularmos a TIR:
VPL = - FC0 + FC1 / (1 + k)
0 = -1.000.000 + 1.300.000 / (1 + TIR)
(1 + TIR) = 1.300.000 / 1.000.000
TIR = 0,30 → 30% a.a.
TIR = 30% a.a. > TMA = 20% a.a. ◄ Investir no projeto Brasil

Exemplo 27

Calcule a TIR do projeto Tupy, representado pelo fluxo de caixa abaixo, em milhões de reais, base maio de 2017, e verifique sua viabilidade para uma TMA de 15% ao ano.

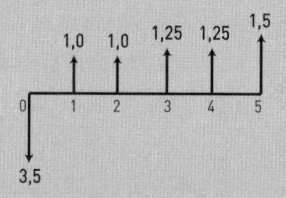

```
              1,25  1,25  1,5
       1,0  1,0   ↑    ↑   ↑
        ↑    ↑    |    |   |
    ────┼────┼────┼────┼───┼────
    0   1    2    3    4   5
    ↓
    3,5
```

Com o uso de uma calculadora financeira, a TIR equivale a 19,48% ao ano. O cálculo da TIR também pode ser realizado por interpolação linear, conforme mostrado no exemplo 23, pois seu valor está compreendido entre 15% ao ano e 20% ao ano, pela tabela dos VPL abaixo.

Taxa	VPL (R$)
0,0%	2.500.000
5,0%	1.642.875
10,0%	959.829
15,0%	408.061
20,0%	-43.210
25,0%	-416.480

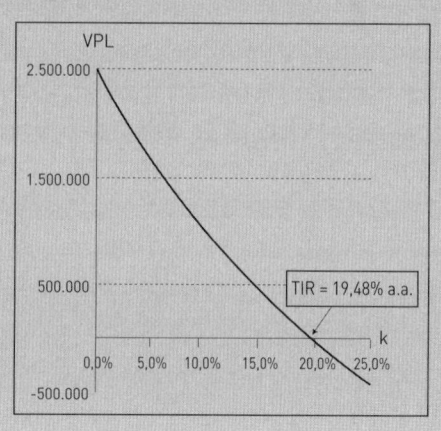

TIR = 19,48% a.a. ◀ Aceitar o projeto Tupy, pois a TIR é maior que a TMA de 15% a.a.

ANÁLISE DE PROJETOS DE INVESTIMENTO

> **Exemplo 28**
> Estude a viabilidade do projeto Netuno, representado pelo fluxo de caixa abaixo, em reais, considerando uma TMA de 20% ao ano (data-base: maio 2017).
>
> | Ano | Fluxo de caixa (R$) |
> |---|---|
> | 0 | 24.000 |
> | 1 | 24.000 |
> | 2 | -116.000 |
> | 3 | 24.000 |
> | 4 | 24.000 |
> | 5 | 24.000 |
>
> Como o fluxo do projeto Netuno é não convencional, haverá duas TIR, calculadas por uma calculadora financeira, que não serão consideradas para fins de estudo de viabilidade. Neste caso, o VPL é o indicador adequado, cujo valor negativo (-R$ 1.448) indica que o projeto Netuno não deve ser realizado, para a TMA de 20% ao ano. ◄
>
> | Taxa | VPL (R$) |
> |---|---|
> | 0,0% | 4.000 |
> | 5,0% | 923 |
> | 10,0% | -724 |
> | 15,0% | -1.408 |
> | 20,0% | -1.448 |
> | 25,0% | -1.057 |
> | 30,0% | -387 |
> | 35,0% | 462 |
> | 40,0% | 1.415 |

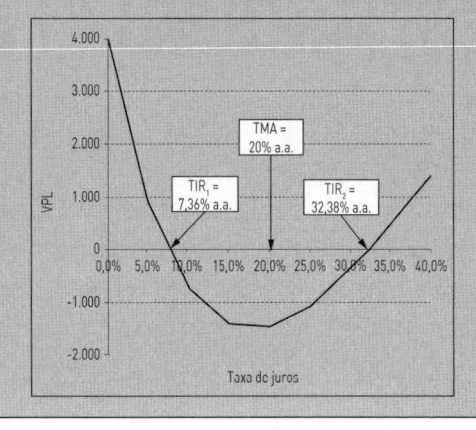

Taxa interna de retorno modificada (TIRM)

A taxa interna de retorno modificada (TIRM), do inglês *modified internal rate of return* (MIRR), serve para "resolvermos" o principal problema da TIR, que é a restrição de seu uso para o caso dos fluxos de caixa não convencionais. Entretanto, a TIRM não corrige esse problema das TIRs múltiplas, nem da inexistência de uma TIR, visto que tanto a TIRM quanto a TIR não fazem diferença entre os fluxos de investimento e de financiamento. No caso específico dos fluxos não convencionais, com duas ou mais TIRs, alguns autores dizem que não faz sentido financeiro que a definição de uma taxa de retorno para o projeto seja modificada ou não.

A questão de essa taxa refletir ou não a rentabilidade do projeto depende do enfoque dado pelo analista, que pode admitir que o método reproduz as condições reais do mercado, se bem que a TIRM é mais "precisa e realista" do que a TIR, pelas taxas de desconto utilizadas, como será mostrado adiante, especialmente nos fluxos convencionais.

Quando determinamos a TIR, estamos pressupondo que os fluxos de caixa positivos e os fluxos de caixa negativos são reaplicados e descontados, todos, e sempre, à mesma TIR, fato inverídico no mundo real, como já foi colocado. No caso do VPL, a suposição é que todos os fluxos de caixa do projeto são reaplicados à TMA, o que também não ocorre na prática, mas é uma situação muito próxima da realidade do mercado. No mercado financeiro, normalmente, a aplicação de recursos nos rende taxas de juros menores que as taxas de juros cobradas nos financiamentos, que são mais caras em função do *spread* bancário, diferença entre os custos de captação e empréstimo das instituições financeiras. O método da TIRM incorpora essa característica.

Na prática, a TIRM não é uma modificação propriamente dita da TIR, pois não utiliza nenhum método iterativo, nem procura raízes de uma equação; apenas utiliza os conceitos de equivalência entre capitais da matemática financeira, valores presente e futuro. Dessa forma, o cálculo da TIRM segue o seguinte roteiro: os fluxos dos investimentos são trazidos a valor presente, pela taxa de mercado para financiamentos (k_m), ou seja, uma taxa de captação média do mercado; os fluxos positivos são levados a valor futuro, no último período do fluxo, por uma taxa de juros de reinvestimento (k_r), ou seja, uma taxa de aplicação do mercado, geralmente menor que a TMA; com os valores concentrados no instante zero e no período final, podemos calcular a taxa de juros implícita nessa relação entre dois capitais, em função do horizonte de tempo do fluxo de caixa. A expressão abaixo pode ser utilizada para o cálculo da TIRM:

$$TIRM = \left(\frac{VF_{FC+}}{VP_{INV}} \right)^{\frac{1}{n}} - 1 \qquad (12)$$

onde: VF_{FC+} é o valor futuro dos fluxos de caixa positivos, no último período n, calculado pela taxa de juros de reinvestimento de mercado (k_r); VP_{INV} é o valor presente dos fluxos de investimentos, no tempo zero, calculado pela taxa de juros de mercado para financiamentos (k_m); n é o tamanho do fluxo de caixa do projeto em análise.

Em suma, a TIRM pode ser considerada a melhor forma de expressão da taxa de retorno de longo prazo de projetos de investimento com fluxos convencionais, pois leva em conta situações mais realistas do mercado. Em fluxos convencionais, isto é, quando há uma única TIR, a TIRM é a taxa mais aproximada para refletir o retorno médio do projeto como um todo, no longo prazo. Isso ocorre em decorrência das diferenças na forma de cálculo e na conformação dos fluxos de caixa intermediários. A TIR utiliza um processo iterativo e não precisa de taxas de juros de mercado para ser encontrada, e a TIRM, ao contrário, necessita justamente de taxas de juros de mercado para ser calculada, por equivalência entre capitais a juros compostos. Da mesma forma que a TIR, a TIRM não é a taxa de retorno do capital investido no projeto. A seguir, alguns exemplos sobre o cálculo da TIRM.

Exemplo 29

Determine a TIR e a TIRM do projeto Rio Novo, representado pelo fluxo de caixa abaixo, em milhões de reais, considerando uma TMA de 15% ao ano e a taxa de reinvestimento de mercado de 10% ao ano. O projeto Rio Novo é um bom investimento? (data-base: maio 2017).

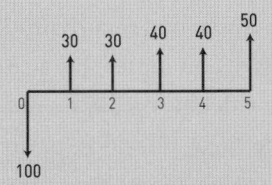

```
           30   30   40   40   50
            ↑    ↑    ↑    ↑    ↑
         0  1    2    3    4    5
         ↓
        100
```

Como o fluxo do projeto Rio Novo é convencional, haverá uma única TIR.
Pela calculadora financeira: TIR = 23,41% a.a. ◄

Para o cálculo da TIRM, utilizaremos a expressão 12.
Valor presente do investimento: VP_{INV} = R$ 100 milhões
Valor futuro dos fluxos positivos (k_r = 10% a.a.): VF_{FC+} = R$ 226,25 milhões
TIRM = $(VF_{FC+}/VP_{INV})^{1/n}$ = $(226,25/100)^{1/5}$ − 1 = 0,1774 → TIRM = 17,74% a.a. ◄

Para o cálculo do VPL, para a TMA de 15% a.a., utilizaremos a expressão 8:
VPL = $\Sigma FC_t / (1+k)^t$
VPL = $-100 + 30/(1,15)^1 + 30/(1,15)^2 + 40/(1,15)^3 + 40/(1,15)^4 + 50/(1,15)^5$
VPL = R$ 22,80 milhões ◄

O projeto Rio Novo pode ser considerado um bom investimento, pois apresenta um VPL positivo e TIR > TIRM > TMA ◄

Exemplo 30

Determine a TIRM do projeto Netuno, do exemplo 28, considerando a taxa de captação de recursos de terceiros, por empréstimo ou financiamento, de 12% ao ano e a taxa de reinvestimento de 10% ao ano.

Como o fluxo do projeto Netuno é não convencional, a TIRM pode apresentar a taxa de retorno de longo prazo do projeto, a partir da expressão 12.

Valor presente do investimento (k_m = 12% a.a.): VP_{INV} = R$ 92.474
Valor futuro dos fluxos positivos (k_r = 10% a.a.): VF_{FC+} = R$ 153.231
TIRM = $(VF_{FC+}/VP_{INV})^{1/n}$ = $(153.231/92.474)^{1/5}$ − 1 = 0,1063 → TIRM = 10,63%

O VPL negativo de R$ 1.448 já tinha indicado a inviabilidade do projeto Netuno e a TIRM apenas comprova essa indicação, mostrando-se inferior à TMA de 20% ao ano. No gráfico do exemplo 22, a TIRM cai na região de VPL negativo, mostrando que a taxa de retorno de longo prazo do projeto é inferior à taxa de retorno exigida pelos investidores. ◄

Payback simples (PBS)

O *payback* simples (PBS), ou período de *payback*, do inglês *payback period*, é o método mais simples para auxiliar na análise da viabilidade de um investimento e pode ser definido como o número de períodos (anos, semestres ou meses) para se recuperar o investimento inicial. Para se calcular o PBS de um projeto basta somar os valores dos fluxos de caixa auferidos, período a período, até que essa soma se iguale ao valor do investimento inicial.

O método do PBS serve para medir quanto tempo um projeto demora para pagar aos investidores o capital investido, podendo ser considerado um indicador de risco. O PBS não considera o valor do dinheiro no tempo, tornando-se, assim, um indicador sem qualquer significado financeiro e não recomendado para ajudar na tomada de decisão corporativa. Em outras palavras, o PBS é a soma algébrica dos valores dos fluxos de caixa do projeto, até que os investimentos sejam anulados pelos resultados positivos. Em finanças, esse tipo de conta vai de encontro ao princípio básico de que não se pode somar dinheiro em tempos diferentes. Dessa forma, o PBS não é um método apropriado e pode levar a decisões equivocadas.

Apesar da deficiência relatada, o PBS é um método muito utilizado por alguns gestores corporativos, mesmo que equivocadamente, para fornecer rapidamente, sem muitos cálculos, o tempo estimado para a recuperação do capital investido.

Não existe um tempo ideal para a recuperação do capital investido em um projeto e, por conseguinte, não há um PBS ótimo, visto que o tempo de recuperação pode variar com as expectativas dos investidores e acionistas e também com as características de cada projeto. Na prática, os investidores e acionistas podem definir previamente um prazo máximo para a recuperação do capital investido num determinado projeto, segundo premissas e critérios previamente estabelecidos, denominado período de corte (PC), que pode ser confrontado com o indicador do PBS, para auxiliar na tomada de decisão, desde que, é claro, o VPL tenha indicado previamente a viabilidade do projeto.

O exemplo 31 apresenta o cálculo do PBS. Dessa forma, o método do PBS pode ser utilizado conforme segue:

- PBS > PC → o projeto deve ser rejeitado;
- PBS = PC → é indiferente aceitar ou rejeitar o projeto;
- PBS < PC → o projeto pode ser aceito.

Exemplo 31

Calcule o PBS do projeto Laranjeiras, representado pelo fluxo de caixa abaixo, em milhares de reais, base maio de 2017, e um período de corte de três anos, definido pelos investidores do projeto.

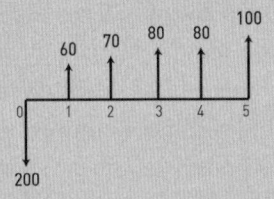

```
                        100
           80   80
     70
  60
  ↑   ↑   ↑   ↑   ↑
──┼───┼───┼───┼───┼───
  0   1   2   3   4   5
  │
  ↓
 200
```

Como não existe uma fórmula para o cálculo do PBS, criamos a tabela abaixo. O PBS ocorre no momento que o investimento inicial é zerado.

Ano	Fluxo de caixa (R$)	Fluxo de caixa acumulado (R$)
0	-200.000	-200.000
1	60.000	-140.000
2	70.000	-70.000
3	80.000	10.000
4	80.000	90.000
5	100.000	190.000

Para obtermos um PBS mais preciso, podemos conseguir a fração do ano para ser somada ao ano 2, por interpolação linear, dividindo o valor do fluxo de caixa acumulado do ano 2, em módulo, pelo fluxo de caixa original do ano 3: 70.000 / 80.000 = 0,9. Assim, o PBS ocorre em 2,9 anos, aproximadamente.

PBS = 2,9 anos < período de corte = 3 anos ◄ A princípio, sem o cálculo do VPL para a indicação de viabilidade do projeto, os investidores devem aceitar o projeto Laranjeiras, em virtude do atendimento da estratégia de recuperação de capital em, no máximo, três anos.

Payback descontado (PBD)

O *payback* descontado (PBD), do inglês *discounted payback period*, é o número de períodos necessários para retornar os investimentos realizados ou, em outras palavras, o número de períodos necessários para tornar o VPL nulo. O PBD é indicado para medir se o projeto consegue, ou não, devolver o capital aportado pelos investidores em um determinado tempo, chamado de ponto de corte, levando-se em conta o valor do dinheiro no tempo.

O cálculo do PBD está baseado no conceito do valor presente e utiliza a TMA como taxa de desconto. Não há uma fórmula para o cálculo do PBD, e as calculadoras financeiras não trazem uma função direta, nem as planilhas eletrônicas. Para o cálculo do PBD, geralmente expresso em anos, devemos montar uma planilha, conforme mostrado no exemplo 32, para que possamos identificar o período aproximado que anula o VPL do projeto.

Não existe o PDB ideal, mas a empresa ou o investidor pode definir previamente um prazo máximo para a recuperação do capital investido no projeto, denominado período de corte (PC), que pode ser confrontado com o indicador do PBD, para auxiliar na tomada de decisão, desde que, é claro, o VPL tenha previamente indicado viabilidade do projeto, conforme segue:

- PBD > PC → o projeto deve ser rejeitado;
- PBD = PC → é indiferente aceitar ou rejeitar o projeto;
- PBD < PC → o projeto deve ser aceito.

O PBD já foi muito utilizado, equivocadamente, como principal método de decisão de viabilidade de projetos de investimento, antes mesmo que o VPL. Entretanto, devido às diversas desvantagens do método, o PBD caiu em desuso, apesar de muitos analistas ainda gostarem de utilizá-lo como coadjuvante do processo decisório, com algumas restrições.

As principais desvantagens desse método são as seguintes: o PBD ignora os fluxos de caixa posteriores ao período de VPL nulo; a adoção de um único período de corte pode levar os tomadores de decisão a aceitarem projetos que não maximizam suas riquezas; o PBD pode existir em projetos com VPL negativo; o PBD pode induzir a empresa a investir em projetos de curto prazo, que não criam valor para os acionistas; assim como ocorre com a TIR, podem existir múltiplos PBD em fluxos não convencionais; matematicamente, pode existir o PBD em projetos com VPLs negativos.

Exemplo 32

Calcule o PBD do projeto Laranjeiras do exemplo 31, considerando o mesmo período de corte de três anos e a mesma TMA de 10% ao ano.

Assim como ocorre para o PBS, não existe uma fórmula para o cálculo do PBD. Por isso, temos de criar a tabela abaixo, com uma coluna de valores presentes e outra de valores acumulados, que são os valores parciais do VPL, a cada ano. O momento do PBD ocorre na inversão de viabilidade, ou seja, no momento previsto para a mudança do VPL negativo para o VPL positivo. Então, fazemos a interpolação linear desses valores, para conseguirmos o valor aproximado do PBD.

Ano	Fluxo de caixa (R$)	VP (10% a.a.)	VPL acumulado
0	-200.000	-200.000	-200.000
1	60.000	54.545	-145.455
2	70.000	57.851	-87.603
3	80.000	60.105	-27.498
4	80.000	54.641	27.143
5	100.000	62.092	89.235 ◄ VPL

Para obtermos um PBD mais preciso, podemos conseguir a fração do ano para ser somada ao ano 3, por interpolação linear, dividindo o valor do VPL do ano 3, em módulo, pelo VP do ano 4: 27.498 / 54.641 = 0,5. Assim, o PBD ocorre em 3,5 anos, aproximadamente.

PBD = 3,5 anos > período de corte = 3 anos ◄ Apesar da viabilidade do projeto Laranjeiras ser indicada pelo VPL, os investidores devem recusá-lo, em virtude do não atendimento da estratégia de recuperação de capital em, no máximo, três anos.

O PBD resolve a questão do valor do dinheiro no tempo, pois utiliza uma taxa de desconto em cada um dos fluxos de caixa futuros; entretanto, suas desvantagens superam suas vantagens. Talvez a única vantagem do PBD seja sua simplicidade de cálculo e interpretação, visto que o investidor pode ter a ilusão que receberá o capital investido num determinado tempo. Na prática, o PBD dá uma ideia de tempo de recuperação do investimento e pode sinalizar o risco do investimento se o tempo de permanência do capital no projeto for muito longo.

Em resumo, o PBD pode ajudar na tomada de decisão sem ser considerado um indicador de viabilidade relevante e recomendamos sua utilização apenas em fluxos de caixa convencionais.

Índice de lucratividade líquida (ILL)

O ILL, do inglês *discounted profit-to-investment ratio*, é um método que indica a quantidade de riqueza que pode ser gerada pelo projeto para cada unidade monetária investida. O ILL também utiliza o conceito do valor presente e precisa de uma taxa de desconto para ser calculado. Geralmente, essa taxa é a TMA.

O ILL é o resultado da divisão do valor presente das entradas positivas líquidas do fluxo de caixa do projeto pelo valor presente dos investimentos, conforme a seguinte expressão:

$$ILL = \frac{VP_{FC+}}{VP_{INV}} \qquad (13)$$

onde: VP_{FC+} é o valor presente dos fluxos de caixa positivos, no tempo zero, calculado pela TMA; VP_{INV} é o valor presente dos fluxos de investimentos, no tempo zero, calculado pela TMA.

A fórmula indica que o ILL é adimensional, ou seja, não tem unidade, nem tempo; por isso é um índice e segue as seguintes regras:

- ILL > 1 → VPL > 0 ⇒ o projeto pode ser aceito;
- ILL = 1 → VPL = 0 ⇒ é indiferente aceitar ou rejeitar o projeto;
- ILL < 1 → VPL < 1 ⇒ o projeto deve ser rejeitado.

Na expressão 13, podemos perceber que a diferença entre o numerador e o denominador da fração resulta no VPL. Obviamente, para que o VPL seja positivo, o numerador dessa fração deve ser sempre maior que o denominador.

Entretanto, existe uma desvantagem do ILL a ser considerada, que é a possibilidade de conflito com o VPL, no caso de comparação entre projetos mutuamente excludentes, pois, em certas situações, um projeto com VPL maior pode não ser, necessariamente, aquele com maior ILL.

Cabe ressaltar que o cálculo correto do ILL deve isolar os investimentos nos fluxos de caixa intermediários do projeto, quando houver, para que esses investimentos façam parte do denominador da expressão 13. Caso isso não ocorra, um fluxo de caixa líquido intermediário, que já tenha abatido o investimento, colocará um valor equivocado no numerador da expressão 13 e, assim, será produzido um ILL falso. O exemplo 33 mostra o cálculo do ILL.

Exemplo 33

Calcule o ILL do projeto Laranjeiras, do exemplo 31, para a mesma TMA de 10% ao ano.

Para o cálculo do ILL, vamos aproveitar as duas primeiras colunas da tabela do exemplo 31 e criar uma terceira coluna com os somatórios dos fluxos positivos e dos investimentos, para, então, aplicarmos a expressão 13, conforme segue:

Ano	Fluxo de caixa (R$)	VP (10% a.a.)	Somatório em módulo
0	-200.000	-200.000	200.000
1	60.000	54.545	
2	70.000	57.851	
3	80.000	60.105	289.235
4	80.000	54.641	
5	100.000	62.092	

Utilizando a expressão 13: $ILL = VP_{FC+} / VP_{INV}$
Valor presente dos fluxos positivos = R$ 289.235
Valor presente dos investimentos = R$ 200.000
ILL = 289.235 / 200.000 = 1,45
ILL = 1,45 ◄ ILL > 1 indica viabilidade do projeto e confirma o VPL > 0 encontrado.
VPL = VP_{FC+} − VP_{INV} = 289.235 − 200.000 = 89.235 ◄
Esse ILL significa que o projeto poderá gerar R$ 1,45 de riqueza líquida para cada R$ 1 investido.

Resumo do capítulo

Este capítulo apresentou os métodos quantitativos mais utilizados nas análises de projetos de investimento, suas características, formas de cálculo, vantagens e desvantagens, assim como diversos exemplos elucidativos.

No próximo capítulo, mostraremos como devemos tratar o risco e a incerteza para subsidiar a tomada de decisão na análise de projetos de investimento.

5
Análise de risco e incerteza

Em todos os capítulos anteriores, os cálculos para a análise financeira de um projeto consideravam dados precisos e de ocorrência certa, ou seja, definidos de forma determinística. No entanto, sabemos que os dados de entrada que formam o fluxo de caixa de um projeto são apenas estimativas ou previsões de valores, e as decisões são tomadas envoltas pelo risco e pela incerteza quanto ao futuro. Dessa forma, por mais acuradas que sejam as premissas fundamentais e por mais que sejam executadas as melhores estimativas e previsões possíveis, não podemos garantir a certeza absoluta sobre a ocorrência dos resultados esperados. Essa imprecisão dos resultados está intimamente correlacionada com a noção intuitiva de risco e incerteza do projeto e, para enriquecer o processo de tomada de decisão na análise de projetos de investimento, vamos tratar desse tema neste capítulo.

Conceituação de risco e incerteza

Quando estruturamos um projeto de investimento, precisamos ter em mente que risco ou incerteza são denominações dadas à preocupação de que as expectativas e esperanças em relação às premissas, dados de entrada e variáveis do projeto podem não ocorrer no futuro.

Tecnicamente, podemos fazer uma distinção entre os conceitos de risco e incerteza, uma vez que existe uma dependência do grau de imprecisão associado às previsões realizadas. Portanto, devemos dizer que existe risco associado a um projeto de investimento quando uma ou mais variáveis de entrada desse projeto encontram-se sujeitas a uma distribuição de probabilidades conhecida, formada com algum grau de precisão, baseada em experiências passadas ou séries históricas. Por outro lado, quando não for possível formarmos uma distribuição de probabilidade com alguma precisão ou quando nada conhecermos sobre o comportamento das variáveis do projeto, podemos dizer que existe incerteza. A incerteza geralmente envolve situações de ocorrência não repetitiva ou pouco comum na prática, como em projetos pioneiros, por exemplo, cujas probabilidades não podem ser definidas por alguma forma objetiva. Em termos práticos, risco é uma incerteza que pode ser medida e, opostamente, incerteza é um risco que não pode ser avaliado.

Na análise de projetos de investimento, encontramos três situações distintas: certeza, incerteza e risco. Quando um projeto é analisado em situação de certeza, como ocorre na maioria das vezes, os resultados obtidos são aqueles sempre esperados, ou seja, acontecerão absurdamente com 100% de probabilidade. Como essa situação não existe na vida real, a análise determinística de um projeto deve servir apenas como base para a análise probabilística, com a consideração das situações que envolvem riscos e incertezas.

Na situação de incerteza, as probabilidades de ocorrência das variáveis de entrada do projeto são desconhecidas ou difíceis de ser estabelecidas. A análise de um projeto em situação de risco é aquela que reúne distribuições de probabilidades conhecidas ou elaboradas a partir de informações de ocorrências passadas ou mesmo com base na experiência de especialistas.

Técnicas mais utilizadas

Podemos contar, em análise de projetos de investimento, com diversas técnicas para o tratamento do risco e da incerteza. Elas envolvem modelos matemáticos e estatísticos sofisticados, entretanto muitas dessas técnicas são demasiadamente teóricas, de difícil aplicação prática, ou muito simplificadas, cujos resultados são insuficientes para a tomada de decisão.

As técnicas mais utilizadas com sucesso para o tratamento do risco e incerteza na análise de projetos são as seguintes: análise de sensibilidade, árvore de decisão e simulação Monte Carlo.

Análise de sensibilidade

A análise de sensibilidade é a técnica mais utilizada para a análise de risco e incerteza de projetos de investimento e tem por finalidade subsidiar a tomada de decisão a partir do efeito produzido na avaliação quantitativa do projeto em análise, geralmente o VPL, por meio da variação de cada um dos dados de entrada previstos para seu fluxo de caixa, tais como os valores das receitas, tarifas, preço de venda, investimento, custos, despesas, tributos, juros, TMA, entre outros.

Quando a mudança no valor de um dado de entrada, sem a variação dos demais dados de entrada, resultar em mudança na indicação de viabilidade do projeto, ou seja, na aceitação ou rejeição pelo VPL, podemos dizer que essa decisão é sensível àquele dado de entrada previsto.

A variação de valores para todas as variáveis de um projeto proporcionaria uma infinidade de combinações, apresentando resultados diferentes, o que, provavelmente, levaria qualquer analista a perder sua capacidade de crítica sobre o investimento. Assim, na prática, devemos escolher algumas variáveis consideradas mais sensíveis e proceder à análise de sensibilidade dessas variáveis, em relação ao resultado do VPL.

Dessa forma, devemos analisar a sensibilidade de uma variável de entrada de cada vez, mantendo, obrigatoriamente, as demais variáveis constantes, ou seja, com seus valores previstos originalmente como mais prováveis.

Quando a variação exclusiva de um dado de entrada X altera significativamente a indicação de viabilidade do projeto, ou seja, alterar o valor do VPL, podemos dizer que existe sensibilidade àquele dado de entrada X. Em seguida, podemos fazer o mesmo procedimento com o dado de entrada Y e verificar se a alteração exclusiva desse dado de entrada Y, mantendo-se os demais dados de entrada constantes, inclusive o dado de entrada X, implica maior ou menor alteração do valor do VPL do que a alteração provocada pelo dado de entrada X. Dessa forma, podemos verificar se o projeto seria mais sensível ou não ao dado de entrada X ou ao dado de entrada Y, e assim por diante, com os demais dados de entrada.

Consideramos muito importante o conhecimento da sensibilidade de cada dado de entrada do projeto, para fins de tomada de decisão, para criarmos uma ideia do grau de risco ou incerteza desse projeto, visto que pequenas variações dos dados de entrada previstos podem provocar grandes mudanças no VPL.

Para que tenhamos uma análise de sensibilidade produtiva, recomendamos a criação de três cenários para cada variável, ou para algumas variáveis consideradas mais importantes: cenário pessimista, cenário provável e cenário otimista.

O produto principal da análise de sensibilidade de uma determinada variável de entrada é o ponto de equilíbrio (PE), do inglês *break even point*, que é a fronteira entre a inviabilidade e viabilidade do projeto, medida pelo VPL, conforme mostrado na figura 12, para o preço de venda de um projeto hipotético.

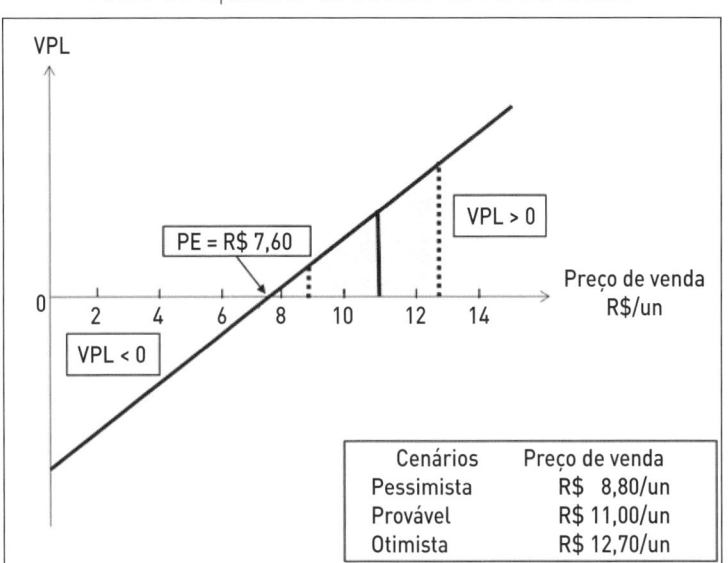

Figura 12
Ponto de equilíbrio na análise de sensibilidade

[Gráfico: VPL vs Preço de venda R$/un, com PE = R$ 7,60, VPL < 0 abaixo e VPL > 0 acima]

Cenários	Preço de venda
Pessimista	R$ 8,80/un
Provável	R$ 11,00/un
Otimista	R$ 12,70/un

Como podemos observar na figura 12, o ponto de equilíbrio da variável do preço de venda é de R$ 7,60/un, ou seja, quaisquer preços de venda abaixo desse valor indicam a inviabilidade do projeto, pois terá VPL negativo caso as demais variáveis do projeto permaneçam inalteradas. Acima desse valor, o projeto será viável, com VPL positivo, nas mesmas condições de manutenção dos valores das demais variáveis. Devemos observar também que o ponto de equilíbrio está abaixo do cenário pessimista previsto para o preço de venda, situação que proporciona uma boa margem de segurança para a previsão realizada. Assim, podemos dizer que o projeto tem pouca sensibilidade às possíveis variações do preço de venda.

O cálculo do PE deve ser feito por interpolação linear, por meio da técnica matemática da semelhança de triângulos. O exemplo 34 mostra a aplicação dessa técnica.

A realização da análise de sensibilidade para todas as variáveis de entrada de um projeto, uma de cada vez, proporciona uma visão limitada do grau de risco desse projeto como um todo, porque podemos conhecer a sensibilidade individual de cada variável e, assim, entender quais variáveis serão motivos de preocupação ou não para os tomadores de decisão.

A análise de sensibilidade auxilia na tomada de decisão ao fornecer limites, máximos ou mínimos, para cada variável de entrada, para diversos cenários possíveis para o projeto de investimento. Dessa forma, podemos utilizar os cenários prováveis, pessimistas e otimistas para cada variável de entrada e verificar os pontos de equilíbrio que anulam o VPL do projeto como um todo. Esses cenários fornecem respostas, por exemplo, para os seguintes tipos de perguntas: qual o percentual máximo de redução do preço de venda do produto? Qual o limite de endividamento do projeto? Os custos fixos podem atingir que valor máximo? Qual a quantidade mínima de produção? O exemplo 34 apresenta a análise de sensibilidade do dado de entrada do preço de venda de um projeto hipotético.

Podemos concluir, pela análise de sensibilidade do exemplo 34, que a variável de entrada do preço de venda apresenta uma sensível alta para a viabilidade do projeto, visto que o valor adotado como mais provável, de R$ 110/t, é apenas 18,3% maior que o PE de R$ 92,98/t. Além disso, o valor pessimista do preço de venda, de R$ 90/t, é 3,2% menor que o mesmo PE, situação desconfortável para a previsão do preço de venda, desde que as demais variáveis do projeto se mantenham dentro das expectativas de ocorrência originais.

Como também podemos observar no exemplo 34, o PE está calculado na forma manual, mas pode ser calculado com auxílio de planilha eletrônica, pela função "atingir metas", que permite a variação exclusiva do preço de venda e determina o valor do VPL a ser atingido como zero.

ANÁLISE DE RISCO E INCERTEZA

Exemplo 34

A Pacífico Industrial pretende construir uma pequena unidade fabril de apoio, com 100% de capital próprio e horizonte de estudo de cinco anos, exclusivamente para a fabricação do produto Alfa, a partir das seguintes previsões simplificadas, em moeda de maio de 2017: investimento inicial de R$ 550 mil; quantidade de produção de 10 mil t/ano, sem crescimento; preço de venda de R$ 110/t; tributos sobre as vendas de 12%; custos anuais totais de R$ 625 mil, alíquota do IR de 35%; depreciação anual dos ativos de 20% ao ano; valor residual nulo; e taxa de retorno exigida para o capital próprio de 15% ao ano. Analise a sensibilidade do projeto para o preço de venda, considerando os seguintes cenários: R$ 90/t, pessimista, e R$ 120/t, otimista.

O primeiro passo é construir o FCLA, com base no quadro 5, a partir dos dados de entrada previstos, considerados os valores mais prováveis de ocorrer.

Moeda: R$. 10^3 (maio 2017)

Discriminação	Ano 0	Ano 1	Ano 2	Ano 3	Ano 4	Ano 5
Quantidade (mil t)		10	10	10	10	10
Preço de venda (R$/t)		110	110	110	110	110
Receitas brutas		1.100	1.100	1.100	1.100	1.100
(-) Tributos		-132	-132	-132	-132	-132
(=) Receitas líquidas		968	968	968	968	968
(-) Custos totais		-625	-625	-625	-625	-625
(-) Depreciações		-110	-110	-110	-110	-110
(=) Lair		233	233	233	233	233
(-/+) IR / CSSL		-82	-82	-82	-82	-82
(=) Lucro líquido		151	151	151	151	151
(+) Depreciações		110	110	110	110	110
(-) Investimentos	-550					
(+) Valor residual						0
(=) FCLA	-550	261,45	261,45	261,45	261,45	261,45

O segundo passo é calcular o VPL mais provável do projeto, pela expressão 8, para um k_e = 15% ao ano: VPL = -550 + 261,45/(1,15)^1 + 261,45/(1,15)^2 + 261,45/(1,15)^3 + 261,45/(1,15)^4 + 261,45/(1,15)^5 = R$ 326,42 ◀

O terceiro passo é analisar a sensibilidade do projeto para o dado de entrada do preço de venda, mantendo-se os demais dados de entrada constantes. Para isso, elaboramos outro FCLA para um preço de venda menor, por exemplo, o cenário pessimista de R$ 90/t, para encontrarmos um novo VPL. Certamente, a redução do preço de venda produzirá um VPL menor. Devemos observar no novo FCLA que os demais dados de entrada são os originalmente previstos no enunciado.

Exemplo 34 (continuação)

Moeda: R$. 10^3 (maio 2017)

Discriminação	Ano 0	Ano 1	Ano 2	Ano 3	Ano 4	Ano 5
Quantidade (mil t)		10	10	10	10	10
Preço de venda (R$/t)		90	90	90	90	90
Receitas brutas		900	900	900	900	900
(-) Tributos		-108	-108	-108	-108	-108
(=) Receitas líquidas		792	792	792	792	792
(-) Custos totais		-625	-625	-625	-625	-625
(-) Depreciações		-110	-110	-110	-110	-110
(=) LAIR		57	57	57	57	57
(-/+) IR / CSSL		-20	-20	-20	-20	-20
(=) Lucro líquido		37	37	37	37	37
(+) Depreciações		110	110	110	110	110
(-) Investimentos	-550					
(+) Valor residual						0
(=) FCLA	-550	147,05	147,05	147,05	147,05	147,05

Pela expressão 8, encontramos o novo VPL, em virtude da diminuição do preço de venda para R$ 85/t:

$VPL = -550 + 147,05/(1,15)^1 + 147,05/(1,15)^2 + 147,05/(1,15)^3 + 147,05/(1,15)^4 + 147,05/(1,15)^5 = - R\$ 57,07$ ◄

Como o objetivo da análise de sensibilidade é encontrar o preço de venda que produz um VPL nulo, devemos proceder à interpolação linear entre os dois valores de VPL encontrados, para, então, acharmos o preço de venda de equilíbrio do projeto, ou seja, o PE do preço de venda. O gráfico abaixo mostra essa situação.

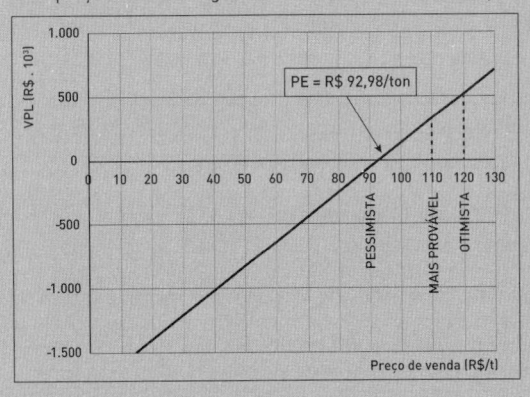

A interpolação linear para o cálculo do PE do preço de venda tem por base os valores de VPL encontrados para dois valores de preço de venda, conforme segue:

Preço de venda = PE → VPL = R$ 0,00
Preço de venda = R$ 90/t → VPL = – R$ 57,07
Preço de venda = R$ 110/t → VPL = R$ 326,42
(110 – PE) / (PE – 90) = 326,42 / 57,07 → PE = R$ 92,98/t ◄

Se quisermos proceder à análise de sensibilidade de todos os principais dados de entrada do exemplo 34, ou seja, encontrar os respectivos PEs, podemos fazer o mesmo procedimento realizado para o caso da variável do preço de venda. Dessa forma, variamos cada dado de entrada, um de cada vez, mantendo os demais dados de entrada com suas previsões originais, até encontrarmos o VPL igual a zero. Os resultados produzidos nesse procedimento são os PEs de cada variável de entrada do projeto, que nos ajudarão a eleger um atributo de sensibilidade pela variação percentual em relação ao valor original previsto como mais provável de ocorrer. O quadro 12 mostra o resultado da análise de sensibilidade de todos os principais dados de entrada do exemplo 34.

Quadro 12
Análise de sensibilidade do exercício 34

Moeda: R$ (maio/2017)

Dado de entrada	Valor mais provável	PE	Variação percentual	Análise de sensibilidade
Quantidade (t/ano)	10.000	8.452	-15,5%	Alta
Preço de venda (R$/t)	110	92,98	-15,5%	Alta
Tributos	12%	25,62%	113,5%	Baixa
Custos totais (R$/ano)	625.000	774.810	24,0%	Média
Investimento (R$)	550.000	976.500	77,5%	Baixa
TMA (% a.a.)	15%	38,06%	153,7%	Baixa

Nesse exemplo, adotamos as seguintes convenções para a análise de sensibilidade: os PEs dos dados de entrada que apresentaram variações percentuais de ± 20% em relação aos valores originalmente previstos para eles indicam alta sensibilidade da variação do VPL, situação que pode afetar significativamente a viabilidade financeira do projeto; variações percentuais entre 20% e 50% indicam média sensibilidade; e acima de 50%, baixa sensibilidade.

Quando todos os dados de entrada mais prováveis apresentarem baixas sensibilidades, o projeto de investimento em estudo provavelmente será de baixo risco de inviabilidade, como um todo, situação que poderá ser comprovada por meio de um processo simulatório, como mostraremos adiante. Todavia, quando alguns dados de entrada apresentarem médias e altas sensibilidades, recomendamos um processo simulatório para que possamos mensurar o risco de inviabilidade do projeto como um todo.

Como podemos observar no quadro 12, a quantidade prevista de venda do produto, ou seja, o valor mais provável de ocorrer para essa variável, é de 10 mil t/ano, mas o PE encontrado, 8.452 t/ano é preocupante, visto que um erro de previsão de apenas 15,5% poderá anular o VPL e afetar a viabilidade do projeto, considerando que as demais variáveis ocorrerão conforme suas previsões iniciais.

Árvore de decisão

A árvore de decisão é utilizada quando o ambiente de incerteza mostra cenários futuros diferentes, e não apenas uma variação nos valores para mais ou para menos. São traçados caminhos lógicos de eventos e decisões futuras, considerando-se as probabilidades e os custos de cada um desses caminhos, com base em uma análise do valor monetário esperado, geralmente o VPL.

No caso de projetos de investimento, a elaboração da árvore de decisão deve ser iniciada com um único nó, representativo do investimento inicial do fluxo de caixa do período zero (FC_0), que se divide em possíveis resultados dos fluxos de caixa dos períodos subsequentes. Cada um desses resultados leva a nós adicionais, que se ramificam em outras possibilidades, criando-se, dessa maneira, uma forma esquemática de árvore.

Motta e Calôba (2006) consideram a árvore de decisão uma estrutura de causa e consequência das decisões, cuja modelagem foi preparada no *software* Precision Tree, da Palisade Corporation, fabricante líder mundial de *softwares* de análise de risco e tomada de decisão.

A árvore de decisão é muito utilizada no mundo empresarial como forma de avaliação de risco das propostas de investimento, inclusive projetos, sendo considerada um método gráfico de levantamento das probabilidades sequenciais dos fluxos de caixa previstos. Outrossim, a árvore de decisão é também bastante aplicada em avaliações estratégicas de abandono de projetos de investimento ou em projetos de expansão de capacidade de produção (Brasil, 2002).

O método da árvore de decisão pode ser utilizado em complemento à análise de sensibilidade e serve como ferramenta de auxílio para a tomada de decisão sobre a viabilidade de um projeto de investimento, quando há grande incerteza sobre as ocorrências de seus dados de entrada. Esse método faz parte do elenco de instrumentos utilizados na teoria da decisão, cujas aplicações podem assumir grande complexidade e se aplicam em diversos campos, mas, neste trabalho, mostraremos a utilização da árvore de decisão exclusivamente para subsidiar as decisões nas análises de risco e incerteza de projetos de investimento.

Alguns autores apontam restrições à utilização da árvore de decisão na análise de risco e incerteza de projetos de investimento, mas tais restrições não são suficientemente consistentes para invalidar o método.

Como ocorre em todas as técnicas de análise de risco e incerteza, existem vantagens e desvantagens na utilização da árvore de decisão em projetos de investimento. As principais vantagens do método são a simplicidade de compreensão e a relativa facilidade para a montagem dos cenários, visto que existe somente a exigência de atribuição de probabilidades para cada cenário, de forma objetiva ou subjetiva. As principais desvantagens são decorrentes da complexidade de elaboração da árvore de decisão, em função do tamanho do horizonte de estudo do projeto e das atribuições de probabilidades para longos períodos de tempo (acima de dois períodos) e pela existência de situações reais nas quais não existam somente probabilidades conjuntas, mas, também, probabilidades condicionadas e excludentes.

O critério de decisão empregado na árvore de decisão para a análise de um projeto de investimento é o valor esperado do VPL, cuja expressão matemática é a seguinte:

$$E(VPL) = \sum_{i}^{n}(p_i \cdot VPL_i) \tag{14}$$

onde: E(VPL) é o valor esperado do VPL do projeto de investimento em estudo; VPL_i é cada um dos fluxos de caixa futuros, segundo suas respectivas probabilidades de ocorrência; p_i é a probabilidade conjunta associada ao VPL_i.

O exemplo 35 apresenta uma aplicação simplificada do método da árvore de decisão, que trata de um projeto de investimento em um equipamento industrial. Podemos notar que o horizonte de tempo do projeto do exemplo 35 é de apenas dois anos, situação que simplifica bastante o cálculo manual da árvore de decisão. Certamente, para um projeto com horizonte de tempo maior ou igual a três anos, o cálculo manual será bastante trabalhoso e não poderemos prescindir da utilização de uma planilha eletrônica ou *software* específico.

ANÁLISE DE RISCO E INCERTEZA

Exemplo 35

A Manufaturadora Arealense pretende investir em uma máquina para a fabricação de um novo produto, cujo valor de aquisição é de R$ 500 mil, para uma vida útil de dois anos. Os fluxos de caixa previstos, com suas respectivas probabilidades de ocorrência, são mostrados abaixo. Considerando uma TMA de 12% ao ano, verifique a viabilidade do projeto pelo método do VPL, utilizando a árvore de decisão.

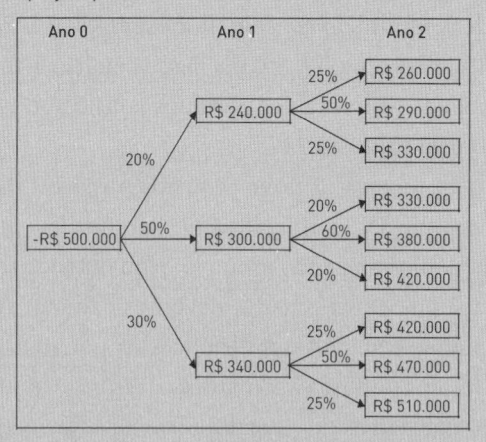

```
        Ano 0              Ano 1                    Ano 2

                                              25% → R$ 260.000
                        R$ 240.000 ─────────  50% → R$ 290.000
                    20%                       25% → R$ 330.000

                                              20% → R$ 330.000
    -R$ 500.000 ──  50% ── R$ 300.000 ──────  60% → R$ 380.000
                                              20% → R$ 420.000

                    30%                       25% → R$ 420.000
                        R$ 340.000 ─────────  50% → R$ 470.000
                                              25% → R$ 510.000
```

O objetivo do método é encontrar o VPL esperado total do projeto, resultante do somatório dos VPLs de cada cenário composto e de sua respectiva probabilidade conjunta, com utilização da expressão 14. A probabilidade conjunta é calculada pelo produto de duas probabilidades sequenciais. Segue abaixo o cálculo do VPL do primeiro cenário. Os demais cenários seguem a mesma linha de raciocínio, cujo quadro resumo encontra-se abaixo.

VPL do cenário 1 = -R$ 500.000 + R$ 240.000 / $(1,12)^1$ + R$ 260.000 / $(1,12)^2$ = -R$ 78.444
Probabilidade conjunta do cenário 1 = 0,20 × 0,25 = 0,05 → 5%
VPL esperado do cenário 1 = -R$ 78.444 × 0,05 = -R$ 3.922

Ano 0	Ano 1		Ano 2		VPL_i	Prob. conjunta p_i	VPL esperado $(p_i . VPL_i)$
FC_0	Prob.	FC_1	Prob.	FC_2			
-R$ 500.000	20%	R$ 240.000	25%	R$ 260.000	-R$ 78.444	5%	-R$ 3.922
			50%	R$ 290.000	-R$ 54.528	10%	-R$ 5.453
			25%	R$ 330.000	-R$ 22.640	5%	-R$ 1.132
	50%	R$ 300.000	20%	R$ 330.000	R$ 30.931	10%	R$ 3.093
			60%	R$ 380.000	R$ 70.791	30%	R$ 21.237
			20%	R$ 420.000	R$ 102.679	10%	R$ 10.268
	30%	R$ 340.000	25%	R$ 420.000	R$ 138.393	7,5%	R$ 10.379
			50%	R$ 470.000	R$ 178.253	15%	R$ 26.738
			25%	R$ 510.000	R$ 210.140	7,5%	R$ 15.761
					E (VPL) total		R$ 76.969

O VPL esperado total do projeto, à TMA de 12% ao ano, calculado com base em todos os cenários estabelecidos e suas respectivas probabilidades, equivale a R$ 76.969, valor positivo que indica a aceitação do projeto.

Para que possamos entender a aplicação da expressão 14 no exemplo 35, precisamos definir cada cenário como o caminho dos valores previstos para cada ano, com suas respectivas probabilidades. O produto das probabilidades dos períodos anuais corresponde à probabilidade conjunta do cenário. Por exemplo, o VPL esperado do cenário 1 é o resultado do VPL desse cenário 1 multiplicado pela probabilidade conjunta dos períodos considerados, conforme representado pela expressão 14.

O quadro 13 mostra os nove cenários possíveis da árvore de decisão do exemplo 35, conforme as probabilidades estabelecidas. Como mencionamos no citado exemplo, para obtenção do E(VPL), com a aplicação da expressão 14, devemos calcular os VPLs de cada um dos nove cenários e multiplicá-los por suas respectivas probabilidades conjuntas. O somatório desses nove produtos é o E(VPL) do projeto em estudo, correspondente a R$ 76.969, segundo a técnica da árvore de decisão.

Quadro 13
Cenários da árvore de decisão do exemplo 35

Moeda: R$ (maio 2017)

Cenário i	Ano 0	Ano 1		Ano 2		Prob. conjunta $p_i = p_1 \times p_2$	VPL_i (12% a.a.)
	FC_0	Prob. FC_1 p_1	FC_1	Prob. FC_2 p_2	FC_2		
1	R$ 500.000	20%	R$ 240.000	25%	R$ 260.000	5%	-R$ 78.444
2	R$ 500.000	20%	R$ 240.000	50%	R$ 290.000	10%	-R$ 54.528
3	R$ 500.000	20%	R$ 240.000	25%	R$ 330.000	5%	-R$ 22.640
4	R$ 500.000	50%	R$ 300.000	20%	R$ 330.000	10%	R$ 30.931
5	R$ 500.000	50%	R$ 300.000	60%	R$ 380.000	30%	R$ 70.791
6	R$ 500.000	50%	R$ 300.000	20%	R$ 420.000	10%	R$ 102.679
7	R$ 500.000	30%	R$ 340.000	25%	R$ 420.000	7,5%	R$ 138.393
8	R$ 500.000	30%	R$ 340.000	50%	R$ 470.000	15%	R$ 178.253
9	R$ 500.000	30%	R$ 340.000	25%	R$ 510.000	7,5%	R$ 210.140

Após o cálculo do E(VPL), que é um valor médio ponderado, precisamos estimar o risco do projeto, considerando o desvio padrão dos VPLs. Para isso, devemos considerar se existe uma dependência ou não dos fluxos de caixa, ao longo do tempo. De modo simplificado, os fluxos de caixa são considerados independentes, ou seja, o FC_t não depende da ocorrência de FC_{t-1}, que é uma situação perfeitamente factível, uma vez que a previsão do fluxo de caixa de um ano, na maioria das vezes, nada tem a ver com o fluxo de caixa do ano anterior, e assim por diante.

Essa hipótese simplificada de fluxos de caixa independentes exige que tenhamos o desvio padrão do VPL médio, cujo cálculo é realizado pela seguinte expressão:

$$\sigma(VPL) = \sqrt{\sum_i^n p_i \cdot \left[VPL_i - E(VPL)\right]^2} \qquad (15)$$

onde: $\sigma(VPL)$ é o desvio padrão do VPL esperado.

O quadro 14 mostra a aplicação da expressão 15 aos VPLs calculados no quadro 13, considerando o valor esperado E(VPL) de R$ 76.969.

Quadro 14
Desvio padrão dos VPLs do exemplo 35

Moeda: R$ (maio 2017)

Cenário i	Prob. conjunta $p_i = p_1 \times p_2$	VPL_i	$p_i \cdot [VPL_i - E(VPL)]^2$
1	5%	-R$ 78.444	R$ 1.207.659.196
2	10%	-R$ 54.528	R$ 1.729.149.523
3	5%	-R$ 22.640	R$ 496.101.379
4	10%	R$ 30.931	R$ 211.949.251
5	30%	R$ 70.791	R$ 11.451.241
6	10%	R$ 102.679	R$ 66.097.852
7	7,5%	R$ 138.393	R$ 282.966.132
8	15%	R$ 178.253	R$ 1.538.751.563
9	7,5%	R$ 210.140	R$ 1.330.093.382
		$\Sigma p_i \cdot [VPL_i - E(VPL)]^2$	R$ 6.874.219.520
		$\sigma(VPL)$	R$ 82.911

Com os valores do E(VPL) e σ(VPL), média e desvio padrão, respectivamente, e considerando a premissa de que estamos diante de uma distribuição aproximadamente normal, podemos calcular a probabilidade de inviabilidade do projeto, ou seja, a chance de ocorrência de um VPL menor que zero, ou também a probabilidade de que o projeto consiga um VPL maior ou menor do que um determinado valor.

A distribuição normal, também conhecida como distribuição de Gauss ou gaussiana, é uma das mais importantes distribuições da estatística, e sua apresentação tem formato de sino e simetria em relação a sua média, conforme mostrado pela figura 13. A distribuição normal descreve muitos fenômenos físicos e financeiros e pode ser descrita inteiramente por seus parâmetros de média e desvio padrão (Lopes, 1999).

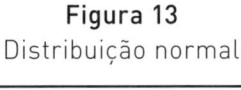

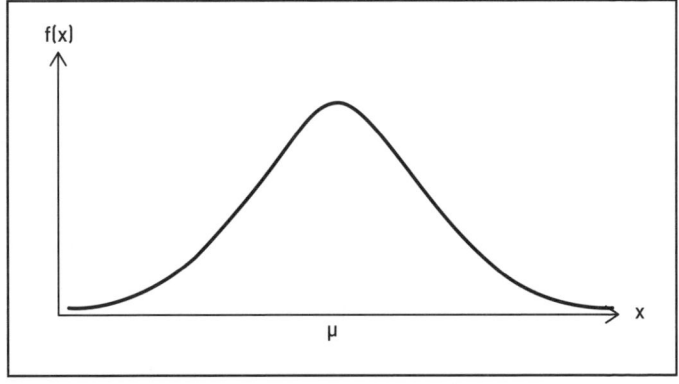

Figura 13
Distribuição normal

Para o objetivo da estimação do risco de um projeto, não precisamos adentrar profundamente a complexidade da equação da distribuição normal, nem estudar a estatística como um todo; basta apenas entendermos como a curva da figura 13 é afetada pelos valores numéricos da média (μ) e desvio padrão (σ) de uma amostra. Esse conceito será útil também no cálculo do risco de um projeto na simulação Monte Carlo, como será visto adiante.

A área sob a curva da distribuição normal, como em qualquer função de densidade de probabilidade, é igual a 1, ou seja, 100% da área total, distribuída de forma simétrica, com 50% para cada lado do ponto central, que é a média μ.

A curva normal é uma distribuição que permite a determinação de probabilidades associadas às áreas sob a curva delimitadas por todos os pontos do eixo das abscissas, em função da média e desvio padrão de uma amostra. Todavia, qualquer distribuição normal com média μ e desvio padrão σ pode ser transformada na forma da distribuição reduzida, mediante aplicação da seguinte expressão:

$$Z = \frac{X - \mu}{\sigma} \qquad (16)$$

onde: Z é o número de desvios padrão que qualquer valor X está distante da média μ, podendo ser positivo ou negativo; X é o valor que desejamos calcular a probabilidade.

Todavia, para simplificarmos os cálculos, adotaremos a transformação da curva normal, com μ e σ, em uma curva normal equivalente, com média igual a 0 e desvio padrão igual a 1. Essa nova curva normal, com μ = 0 e σ = 1, passa a ser denominada curva normal reduzida, e suas probabilidades são apresentadas no quadro 15, cuja aplicação será mostrada adiante.

Como a normal reduzida também é simétrica, o quadro 15 apresenta somente as probabilidades da metade direita da curva. Dessa forma, a probabilidade de um intervalo qualquer da metade esquerda é igual à probabilidade do intervalo equivalente na metade direita, sendo necessária a variável Z obtida pela expressão 16 (Lopes, 1999).

Quadro 15
Tabela de probabilidades da curva normal reduzida Z

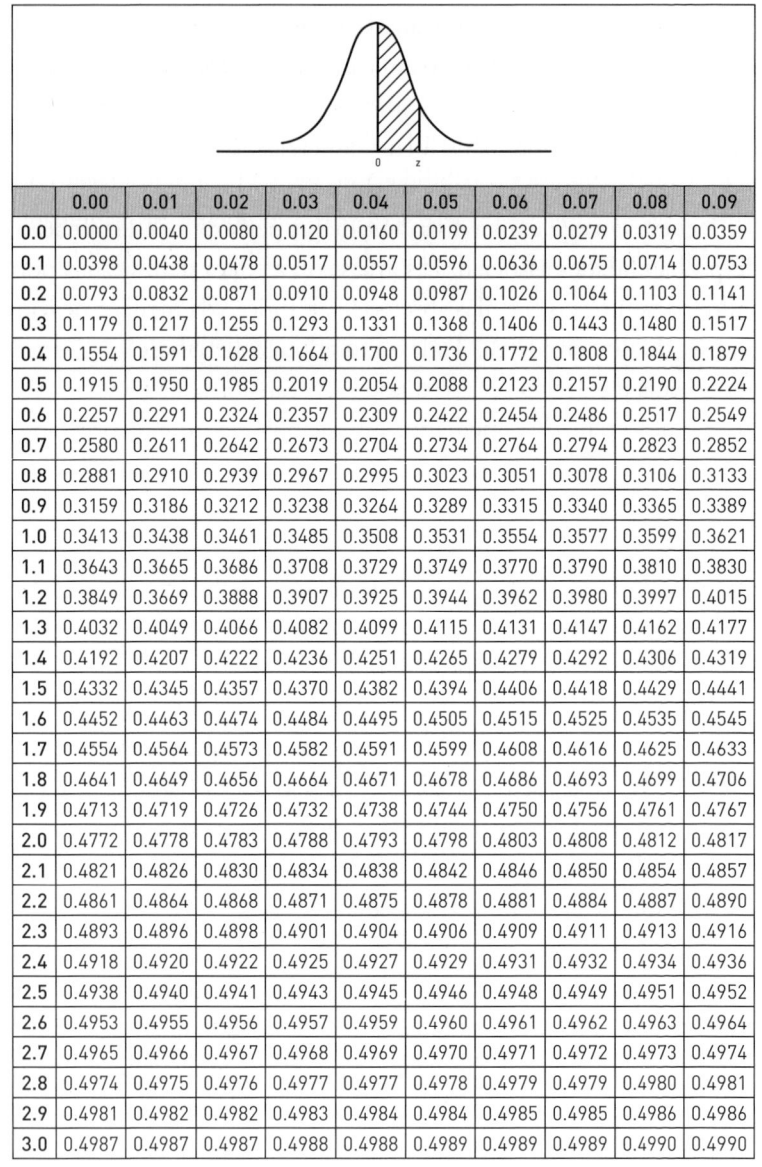

	0.00	0.01	0.02	0.03	0.04	0.05	0.06	0.07	0.08	0.09
0.0	0.0000	0.0040	0.0080	0.0120	0.0160	0.0199	0.0239	0.0279	0.0319	0.0359
0.1	0.0398	0.0438	0.0478	0.0517	0.0557	0.0596	0.0636	0.0675	0.0714	0.0753
0.2	0.0793	0.0832	0.0871	0.0910	0.0948	0.0987	0.1026	0.1064	0.1103	0.1141
0.3	0.1179	0.1217	0.1255	0.1293	0.1331	0.1368	0.1406	0.1443	0.1480	0.1517
0.4	0.1554	0.1591	0.1628	0.1664	0.1700	0.1736	0.1772	0.1808	0.1844	0.1879
0.5	0.1915	0.1950	0.1985	0.2019	0.2054	0.2088	0.2123	0.2157	0.2190	0.2224
0.6	0.2257	0.2291	0.2324	0.2357	0.2309	0.2422	0.2454	0.2486	0.2517	0.2549
0.7	0.2580	0.2611	0.2642	0.2673	0.2704	0.2734	0.2764	0.2794	0.2823	0.2852
0.8	0.2881	0.2910	0.2939	0.2967	0.2995	0.3023	0.3051	0.3078	0.3106	0.3133
0.9	0.3159	0.3186	0.3212	0.3238	0.3264	0.3289	0.3315	0.3340	0.3365	0.3389
1.0	0.3413	0.3438	0.3461	0.3485	0.3508	0.3531	0.3554	0.3577	0.3599	0.3621
1.1	0.3643	0.3665	0.3686	0.3708	0.3729	0.3749	0.3770	0.3790	0.3810	0.3830
1.2	0.3849	0.3669	0.3888	0.3907	0.3925	0.3944	0.3962	0.3980	0.3997	0.4015
1.3	0.4032	0.4049	0.4066	0.4082	0.4099	0.4115	0.4131	0.4147	0.4162	0.4177
1.4	0.4192	0.4207	0.4222	0.4236	0.4251	0.4265	0.4279	0.4292	0.4306	0.4319
1.5	0.4332	0.4345	0.4357	0.4370	0.4382	0.4394	0.4406	0.4418	0.4429	0.4441
1.6	0.4452	0.4463	0.4474	0.4484	0.4495	0.4505	0.4515	0.4525	0.4535	0.4545
1.7	0.4554	0.4564	0.4573	0.4582	0.4591	0.4599	0.4608	0.4616	0.4625	0.4633
1.8	0.4641	0.4649	0.4656	0.4664	0.4671	0.4678	0.4686	0.4693	0.4699	0.4706
1.9	0.4713	0.4719	0.4726	0.4732	0.4738	0.4744	0.4750	0.4756	0.4761	0.4767
2.0	0.4772	0.4778	0.4783	0.4788	0.4793	0.4798	0.4803	0.4808	0.4812	0.4817
2.1	0.4821	0.4826	0.4830	0.4834	0.4838	0.4842	0.4846	0.4850	0.4854	0.4857
2.2	0.4861	0.4864	0.4868	0.4871	0.4875	0.4878	0.4881	0.4884	0.4887	0.4890
2.3	0.4893	0.4896	0.4898	0.4901	0.4904	0.4906	0.4909	0.4911	0.4913	0.4916
2.4	0.4918	0.4920	0.4922	0.4925	0.4927	0.4929	0.4931	0.4932	0.4934	0.4936
2.5	0.4938	0.4940	0.4941	0.4943	0.4945	0.4946	0.4948	0.4949	0.4951	0.4952
2.6	0.4953	0.4955	0.4956	0.4957	0.4959	0.4960	0.4961	0.4962	0.4963	0.4964
2.7	0.4965	0.4966	0.4967	0.4968	0.4969	0.4970	0.4971	0.4972	0.4973	0.4974
2.8	0.4974	0.4975	0.4976	0.4977	0.4977	0.4978	0.4979	0.4979	0.4980	0.4981
2.9	0.4981	0.4982	0.4982	0.4983	0.4984	0.4984	0.4985	0.4985	0.4986	0.4986
3.0	0.4987	0.4987	0.4987	0.4988	0.4988	0.4989	0.4989	0.4989	0.4990	0.4990

Para aprendermos sobre a utilização do quadro 15, devemos entender que ele fornece a probabilidade de ocorrência de um evento entre 0 e Z, sendo que, na coluna da esquerda, é encontrado o valor de Z com uma decimal e, na linha superior, a segunda decimal, se for necessário. Vamos tomar o exemplo 35, cuja árvore de decisão fornece o VPL médio de R$ 76.969 (μ = E(VPL), com desvio padrão de R$ 82.911 (σ), e calcularemos a probabilidade de inviabilidade do projeto da Manufatura Arealense, ou seja, VPL < 0, e também a probabilidade de o VPL do projeto ocorrer num valor entre R$ 50 mil e R$ 100 mil.

A probabilidade de VPL < 0 para o projeto do exemplo 35 tem por base o cálculo de Z, pela expressão 16, conforme segue: Z = (0 - 76.969) / 82.911 = - 0,93. O valor Z = - 0,93 fica à esquerda da média, pois o valor do VPL = 0 encontra-se antes do valor do VPL = 76.969, no eixo dos números reais. De posse do valor Z = - 0,93, entramos no quadro 15 com 0,9 na coluna da esquerda e com 0,03 na linha superior, e encontramos 0,3238, que indica o percentual da área sob a curva normal, compreendida entre 0 e μ, ou seja, 32,38%. Então, a probabilidade de inviabilidade do projeto equivale à área situada à esquerda do valor 0, isto é, 17,62%, conforme mostrado na figura 14. Por outro lado, a probabilidade de viabilidade do projeto, ou seja, VPL > 0, equivale a 82,38%, que é toda a área sob a curva, à direita do valor zero.

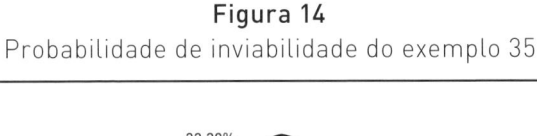

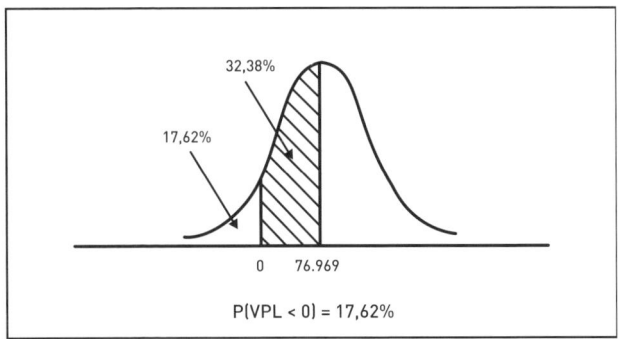

Figura 14
Probabilidade de inviabilidade do exemplo 35

As demais probabilidades devem ser calculadas com base no mesmo raciocínio. Para termos a probabilidade de o VPL ocorrer entre 50 mil e 100 mil , precisamos calcular dois valores de Z – um para o valor 50 mil e outro para o valor 100 mil, conforme segue: Z = (50.000 - 76.969) / 82.911 = - 0,33 e Z = (100.000 - 76.969) / 82.911 = 0,28. O valor Z = - 0,33 fica à esquerda da média, e o valor Z = 0,28, à direita. De posse desses valores de Z, entramos na tabela no quadro 15 e encontramos duas áreas sob a curva normal: 12,93% e 11,03%, à esquerda e à direita da média, respectivamente. Como a média de 76.969 está situada entre os valores considerados, devemos somar as duas áreas encontradas para obtermos a probabilidade desejada: P(50.000 < VPL < 100.000) = 23,96%.

Simulação Monte Carlo

Simulação é a representação dinâmica de um sistema, mediante um modelo da situação real, para que possamos analisar o comportamento e a performance desse sistema. Neste trabalho, entendemos como sistema um conjunto de componentes e variáveis que se inter-relacionam, assim como um projeto de investimento, e devemos entender modelo como uma representação realista desse sistema.

No caso de projetos de investimento, a simulação de risco deve permitir diferentes combinações probabilísticas de ocorrência de seus dados de entrada, para que o resultado final seja uma distribuição de frequências e não um valor numérico único.

A simulação mais indicada para a análise de risco e incerteza de projetos de investimento é aquela baseada em modelo estocástico ou probabilístico, que possui a grande vantagem de permitir a informação adicional de que a rentabilidade do projeto poderá variar num certo intervalo, que inclui o valor mais provável, segundo uma distribuição de probabilidades. Dessa forma, a avaliação das chances de sucesso ou insucesso de um projeto de investimento pode ser obtida de forma mais fácil.

Segundo Motta e Calôba (2006), quando desejamos calcular um resultado em função de diversas variáveis aleatórias, que possuem suas próprias distribuições de probabilidade, torna-se necessária a utilização da técnica da simulação, a partir da geração de números randômicos ou pseudoaleatórios, necessariamente, com ajuda do computador.

O método de simulação mais difundido e utilizado, tanto no meio acadêmico quanto na vida empresarial, é a simulação Monte Carlo, também chamada de método Monte Carlo, que utiliza a estatística como ferramenta e tem como base fundamental a geração de números randômicos para gerar a simulação.

A simulação Monte Carlo faz parte do universo das simulações cujos resultados não sofrem variação em função de uma base temporal, também conhecidas como simulações estáticas. Trata-se de um método de modelagem de eventos probabilísticos que não variam com o tempo.

O primeiro registro do termo Monte Carlo aconteceu durante a II Guerra Mundial, como código para a simulação do desenvolvimento da bomba atômica, e essa denominação foi baseada na famosa roleta do cassino Monte Carlo, situado no principado de Mônaco.

A simulação Monte Carlo difere fundamentalmente da análise de sensibilidade porque permite a variação de todos os dados de entrada ao mesmo tempo, segundo suas respectivas distribuições de probabilidades atribuídas, em vez de proceder apenas à variação de um dado de entrada de cada vez.

O método Monte Carlo vem sendo aplicado em diversas áreas, como física, química, biologia, meteorologia, engenharia, economia, energia, entre outras. Em finanças, o primeiro artigo científico que apresenta o método de Monte Carlo para o tratamento do risco e incerteza em análise de projetos de investimento foi publicado em 1964, por David B. Hertz, na *Harvard Business Review*, sob o título "Risk analysis in capital expenditure decisions".

O referido artigo apresenta a simulação Monte Carlo dividida basicamente em quatro passos, conforme segue:

1. elaboração do fluxo de caixa base, do acionista ou do projeto, geralmente com os valores mais prováveis dos dados de entrada;
2. construção dos riscos e incertezas dos principais dados de entrada do projeto por meio de distribuições de probabilidades;
3. definição das relações entre as variáveis de entrada;
4. execução da simulação propriamente dita.

No primeiro passo, a elaboração do fluxo de caixa base deve seguir as orientações do capítulo 3 e os modelos dos quadros 5 a 8. O fluxo de caixa base para a simulação Monte Carlo deve ser aquele elaborado com os dados de entrada de maior probabilidade de ocorrência.

O segundo passo trata da construção das distribuições de probabilidades dos dados de entrada, que pode apresentar certa complexidade, pois deve ser baseada em ocorrências passadas, estudos de tendências futuras, conhecimento de especialistas e construção de premissas e cenários futuros, ou seja, depende de objetividade e subjetividade dos analistas, acionistas e investidores do projeto. Para facilitar o processo, recomendamos a utilização de distribuições triangulares, que reúnem três cenários de previsões para cada dado de entrada – pessimista, mais provável e otimista –, cada um com sua probabilidade de ocorrência. O cenário mais provável é aquele com maior probabilidade de ocorrência, e a soma das probabilidades dos três cenários tem de, necessariamente, somar 100%.

O terceiro passo define as relações entre as variáveis de entrada, e a modelagem da interdependência entre esses dados de entrada é muito importante para a confiabilidade da simulação, pois tem o objetivo de representar a realidade, ou seja, a forma como algumas variáveis sobem ou descem, mutuamente ou de forma independente. Caso haja dependência entre duas ou mais variáveis, esse fato deve ser considerado de forma a existir a correspondência entre os valores selecionados e nas distribuições de probabilidades.

O quadro 16 mostra a distribuição de probabilidades construída para o dado de entrada da quantidade de produção do projeto da Pacífico Industrial, do exemplo 34.

Quadro 16
Distribuição de probabilidades da variável
"Quantidade" do exemplo 34

Cenário	Quantidade (t/ano)	Probabilidade
Pessimista	8.500	25%
Mais provável	10.000	60%
Otimista	11.000	15%
		100%

O quarto e último passo executa a simulação por meio de centenas ou milhares de iterações do fluxo de caixa do projeto, com a utilização das distribuições de probabilidades criadas para cada dado de entrada. Neste último passo, a execução da simulação Monte Carlo utiliza números randômicos ou aleatórios, que, na realidade, são números pseudoaleatórios, como mencionamos, cuja geração utiliza algoritmos computacionais, com base nas distribuições de probabilidades correspondentes. Assim, o procedimento para a geração dos números aleatórios utiliza as probabilidades acumuladas das distribuições de probabilidades, conforme mostra o quadro 17.

Quadro 17
Procedimento para geração de números aleatórios
da variável "Quantidade" do exemplo 34

Cenário	Vendas (unid./ano)	Probabilidade simples	Probabilidade acumulada	Números aleatórios
Pessimista	8.500	25%	25%	001 - 025
Mais provável	10.000	60%	85%	026 - 085
Otimista	11.000	15%	100%	086 - 100

Então, selecionamos um valor para cada variável de entrada, como resultado do sorteio de um número aleatório, formando, assim, um conjunto de variáveis de entrada, e calculamos o VPL do fluxo de caixa formado. Efetuamos essa operação repetidas vezes, no mínimo mil vezes, até obtermos uma distribuição de probabilidades da viabilidade financeira do projeto.

Podemos imaginar a geração de números aleatórios como um sorteio não tendencioso de bolas numeradas, de 1 a 100, colocadas dentro de um saco. Com base nas probabilidades simples atribuídas no quadro 16, do total de 100 bolas contidas no saco, teremos 25 bolas numeradas de 1 a 25, 60 bolas numeradas de 26 a 85 e 15 bolas numeradas de 86 a 100. Se colocarmos a mão dentro do saco e fizermos a extração de uma bola, de forma aleatória, as chances de cada bola serão compatíveis com as probabilidades simples do quadro 16. Por exemplo, se retirarmos a bola 87, consideraremos o cenário otimista, a bola 11, o cenário pessimista, e a bola 57, o cenário mais provável.

Se fizermos centenas ou milhares de extrações consecutivas, pela lei dos grandes números, haverá a tendência de atingirmos as probabilidades simples e teóricas, ou seja, ocorrerá uma aproximação dos valores esperados. Essa é a ideia básica da simulação Monte Carlo, sem entrarmos profundamente na parte estatística envolvida, mas apenas com o intuito de apresentarmos uma noção geral do método.

Assim, tomaremos o fluxo de caixa do projeto da Pacífico Industrial, do exemplo 34, como a base da simulação Monte Carlo aqui mostrada, uma vez que sua elaboração utilizou os dados de entrada considerados mais prováveis. Tomamos as quatro principais variáveis desse projeto e construímos suas distribuições de probabilidades, mostradas no quadro 18.

Quadro 18
Distribuições de probabilidades dos dados de entrada do projeto do exemplo 34

Cenário	Investimento (R$)	Prob.	Quantidade (t/ano)	Prob.	Preço de venda (R$/t)	Prob.	Custos totais (R$/ano)	Prob.
Pessimista	660.000	20%	8.500	25%	90,00	25%	700.000	35%
Mais provável	550.000	70%	10.000	60%	110,00	65%	625.000	50%
Otimista	490.000	10%	11.000	15%	120,00	10%	585.000	15%

Em seguida, realizamos a simulação propriamente dita, com a geração de 2 mil iterações de números aleatórios para cada dado de entrada, segundo suas respectivas probabilidades, mostradas no quadro 18, e produzimos, dessa maneira, uma amostra de 2 mil fluxos de caixa diferentes para o projeto da Pacífico Industrial. Essas iterações são também chamadas de rodadas e, em cada uma dessas rodadas, são gerados quatro números aleatórios diferentes, um para cada dado de entrada do projeto. Então, em cada rodada, são gerados quatro valores para os dados de entradas, pertencentes aos intervalos dos cenários construídos. O quadro 19 mostra os números aleatórios gerados na primeira rodada e os dados de entrada correspondentes que compõem o primeiro fluxo de caixa da simulação. As demais rodadas seguem o mesmo procedimento.

ANÁLISE DE PROJETOS DE INVESTIMENTO

Quadro 19
Geração dos números aleatórios da
primeira rodada da simulação

Rodada	NA₁	Investimento (R$)	NA₂	Quantidade (t/ano)	NA₃	Preço de venda (R$/t)	NA₄	Custos totais (R$/ano)
1	57	550.000	98	11.000	71	110,00	42	625.000

O quadro 20 mostra o primeiro fluxo de caixa da simulação, elaborado com os dados de entrada gerados pelos números aleatórios da primeira rodada. Para a simulação Monte Carlo completa, serão gerados 2 mil fluxos de caixa desse tipo e calculados seus respectivos VPLs.

Quadro 20
Primeiro fluxo de caixa gerado na simulação

Moeda: R$. 10³ (maio/2017)

Discriminação		Ano 0	Ano 1	Ano 2	Ano 3	Ano 4	Ano 5
	Quantidade (mil t)		11	11	11	11	11
	Preço de venda (R$/t)		110	110	110	110	110
	Receitas brutas		1.210	1.210	1.210	1.210	1.210
(-)	Tributos		-145	-145	-145	-145	-145
(=)	Receitas líquidas		1.065	1.065	1.065	1.065	1.065
(-)	Custos totais		-625	-625	-625	-625	-625
(-)	Depreciação		-110	-110	-110	-110	-110
(=)	Lair		330	330	330	330	330
(-/+)	IRPJ / CSSL		-115	-115	-115	-115	-115
(=)	Lucro líquido		214	214	214	214	214
(+)	Depreciação		110	110	110	110	110
(-)	Investimentos	-550					
(+)	Valor residual						0
(=)	FCLA		324,37	324,37	324,37	324,37	324,37

O VPL do fluxo de caixa do quadro 19 foi calculado pela expressão 8, considerando a TMA de 15% ao ano, e corresponde a R$ 537.338,55.

O quadro 21 apresenta uma parte da amostra de 2 mil fluxos de caixa simulados, com seus respectivos VPLs, para que possamos proceder à análise estatística do risco de inviabilidade do projeto da Pacífico Industrial, com base nas distribuições de probabilidade formuladas no quadro 18.

Quadro 21
Simulação de 2 mil amostras de fluxos de caixa do projeto da Pacífico Industrial

Rodada	NA_1	Investimento (R$)	NA_2	Quantidade (t/ano)	NA_3	Preço de venda (R$/t)	NA_4	Custos totais (R$/ano)	VPL (R$)
1	57	550.000	98	11.000	71	110,00	42	625.000	537.338,55
2	11	660.000	17	8.500	7	90,00	37	625.000	-400.107,42
3	35	550.000	99	11.000	21	90,00	87	585.000	202.659,38
...	...	...	...	...	...	...	...	...	...
1998	15	660.000	48	10.000	95	120,00	85	625.000	433.975,82
1999	75	550.000	12	8.500	41	110,00	58	625.000	10.044,55
2000	91	490.000	53	10.000	44	110,00	5	700.000	208.924,34

Após a obtenção da amostra do quadro 21, devemos proceder à análise estatística com a tabulação dos 2 mil dados gerados, divididas em classes, para que possamos levantar suas frequências absolutas, acumuladas e relativas, conforme mostrado no quadro 22.

Quadro 22
Tabulação dos dados da amostra de VPLs

Moeda: R$. 10^3 (maio 2017)

Classe do VPL		Valor médio da classe x_i	Frequência absoluta f_i	Frequência acumulada f_a	Frequência relativa f_r
Inferior	Superior				
-300.000	0	-150.000	61	61	3,05%
0	300.000	150.000	248	309	12,40%
300.000	600.000	450.000	562	871	28,10%
600.000	900.000	750.000	861	1.732	43,05%
900.000	1.200.000	1.050.000	268	2.000	13,40%

Em seguida, calculamos a média aritmética ponderada, E(VPL) = R$ 604.050, e o desvio padrão, σ(VPL) = R$ 292.222, dessa amostra, utilizando as expressões 14 e 15, respectivamente, onde, no quadro 22, o valor médio da classe é o VPL_i, e a frequência acumulada, o p_i. De posse da média e do desvio padrão, calculamos a probabilidade de inviabilidade do projeto, ou seja, VPL < 0, pela distribuição normal reduzida, conforme mostrado anteriormente.

Dessa forma, a probabilidade de VPL < 0, para o projeto da Pacífico Industrial, do exemplo 34, é calculada pela expressão 16, conforme segue: Z = (0 - 604.050) / 292.222 = -2,07. O valor Z = - 2,07 fica à esquerda da média, pois o valor do VPL = 0 encontra-se antes do valor do VPL = 604.050, no eixo dos números reais. De posse do valor Z = - 2,07, entramos no quadro 15 com 2,0 na coluna da esquerda e com 0,07 na linha superior, e encontramos 0,4808, que indica o percentual da área sob a curva normal, compreendida entre 0 e µ, ou seja, 48,08%. Então, a probabilidade de inviabilidade do projeto equivale à área situada à esquerda do valor 0, isto é, 1,92%, conforme mostrado na figura 15.

Figura 15
Probabilidade de inviabilidade do exercício 34

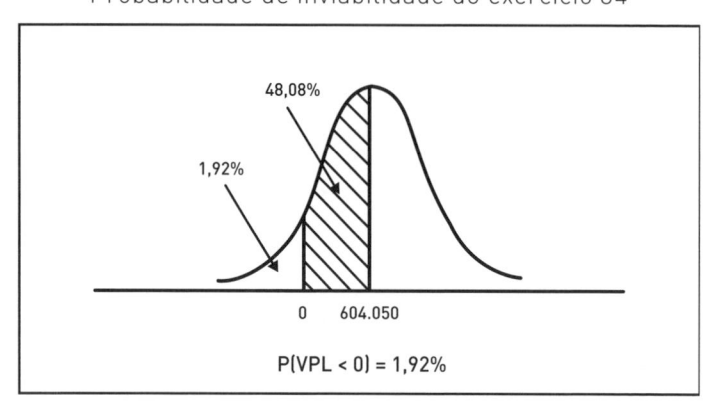

Como já alertamos, não entraremos profundamente no estudo da estatística neste livro, todavia recomendamos ao leitor uma pesquisa bibliográfica para relembrar os conceitos de tabulação de dados, frequências, média ponderada, desvio padrão, curva normal, entre outros temas da estatística que estamos abordando para a apresentação da árvore de decisão e simulação Monte Carlo.

Como podemos comprovar no exemplo demonstrado, existe uma complexidade operacional para a execução da simulação Monte Carlo e, por essa razão, recomendamos a utilização de *softwares* computacionais específicos ou planilhas eletrônicas para a geração dos números aleatórios, cálculos e tabelas estatísticas e iterações simulatórias.

A simulação Monte Carlo apresenta algumas desvantagens, como a dificuldade na estimação das relações existentes entre as variáveis e suas respectivas distribuições de probabilidades, além da subjetividade na interpretação do resultado final.

Existem muitos críticos da simulação Monte Carlo para a análise de riscos de projetos de investimento, em virtude das dificuldades de execução e das premissas adotadas para a construção das distribuições de probabilidades, que assumem distribuições normais e triangulares, não representativas dos mercados financeiros. Entretanto, tais complicadores não são suficientes para invalidar a aplicação do método Monte Carlo, que contribui bastante para a mensuração do risco de inviabilidade de um projeto de investimento.

Resumo do capítulo

Apresentamos, neste capítulo, as mais importantes técnicas para a análise de risco e incerteza de projetos de investimento, uma vez que não conseguimos ter certeza absoluta sobre a ocorrência dos resultados previstos para os fluxos de caixa.

Assim, mostramos a análise de sensibilidade como uma ferramenta relevante para que possamos entender a influência de cada variável de entrada no resultado do VPL, além das técnicas da árvore de decisão e simulação Monte Carlo, que estimam a probabilidade de sucesso ou insucesso de um projeto, a partir das variações simultâneas dos dados de entrada.

Conclusão

Podemos concluir que o tema da análise de projetos é bastante extenso e envolve aspectos subjetivos e objetivos para a interpretação dos resultados e, consequentemente, para a correta tomada de decisão por parte dos acionistas e investidores. As técnicas e métodos apresentados não levam dificuldades matemáticas ao leitor, visto que, para a resolução de suas expressões, foram utilizadas apenas a matemática do ensino fundamental e médio, inclusive quando foram abordadas as técnicas da estatística.

A análise de projetos de investimento é importante para todos aqueles que desejam aportar capital em novos negócios, expansões, lançamentos de produtos, entre outros empreendimentos futuros, pois sempre existirá a variável futuro envolvida, fora de nosso controle, e precisaremos tomar a melhor decisão possível.

Como foi mostrado em todos os exemplos deste livro, a análise de projetos de investimento permite que imaginemos os prováveis resultados dos fluxos de caixa futuros, para que possamos tomar a decisão de aceitar ou rejeitar os projetos em estudo, aportar mais dinheiro ou postergar investimentos.

Sem as técnicas, métodos e conceitos aqui apresentados, o êxito dos projetos de investimento e dos negócios empresariais dependeria unicamente da sorte, mas, graças às técnicas financeiras e estatísticas, podemos tomar decisões realmente embasadas por estudos conceitualmente consistentes, mesmo dentro de um contexto de risco, fato inerente ao mundo empresarial.

Cabe ressaltar que as ferramentas, técnicas, conceitos, métodos e modelos mostrados neste livro servem para a análise e avaliação de qualquer tipo de projeto de investimento, desde um pequeno negócio até uma indústria, comércio, prestadora de serviços e outros ativos de médio e grande portes.

O objetivo deste livro foi despertar o interesse do leitor por esse tema fascinante, abrir as portas para o entendimento da lógica que governa as decisões dos investidores e mostrar a importância do conhecimento das finanças no cotidiano das empresas e das pessoas.

Referências

ASSAF NETO, A. *Mercado financeiro*. São Paulo: Atlas, 2015.

BRASIL, H. G. *Avaliação moderna de investimentos*. Rio de Janeiro: Qualitymark, 2002.

BREALEY, R.; MYERS, S. C. *Princípios de finanças empresariais*. São Paulo: McGraw-Hill Interamericana, 2013.

BRIGHAM, E. F.; GAPENSKI, L. C.; EHRHARDT, M. C. *Administração financeira*: teoria e prática. São Paulo: Atlas, 2001.

CARVALHO, J. V. *Análise econômica de investimentos*: EVA – valor econômico agregado. Rio de Janeiro: Qualitymark, 2002.

CLEMENTE, A. et al. *Projetos empresariais e públicos*. São Paulo: Atlas, 2008.

COSTA, L. G. T. A.; COSTA, L. R. T. A.; ALVIM, M. A. *Valuation*: manual de avaliação e reestruturação econômica de empresas. São Paulo: Atlas, 2010.

CURY et al. *Finanças corporativas*. Rio de Janeiro: Ed. FGV, 2017.

DAMODARAN, A. *Avaliação de empresas*. São Paulo: Pearson Prentice Hall, 2007.

_____. *Avaliação de investimentos*: ferramentas e técnicas para a determinação do valor de qualquer ativo. Rio de Janeiro: Qualitymark, 2009.

GITMAN, L. *Princípios de administração financeira*. São Paulo: Pearson Prentice Hall, 2010.

GOULART, A. M. C. Custo de oportunidade: oculto na contabilidade, nebuloso na mente dos contadores. *Revista Contabilidade & Finanças*, São Paulo, v. 13, n. 30, set./dez. 2002.

HERTZ, D. B. Risk analysis in capital investiment. *Havard Business Review*, Cambridge, MA, p. 169-181, set./out. 1979.

KATO, J. *Curso de finanças empresariais*: fundamentos de gestão financeira em empresas. São Paulo: M. Books do Brasil, 2012.

LOPES, P. A. *Probabilidades & estatística*. Rio de Janeiro: Reichmann & Affonso, 1999.

MOTTA, R. R.; CALÔBA, G. M. *Análise de investimentos*: tomada de decisão em projetos industriais. São Paulo: Atlas, 2006.

ROSS, S. A.; WESTERFIELD, R. W. ; JAFFE, J. F. *Administração financeira*: corporate finance. São Paulo: Atlas, 2009.

Os autores

José Carlos Franco de Abreu Filho
Doutor em engenharia industrial pela Pontifícia Universidade Católica do Rio de Janeiro (PUC-Rio). Mestre em *business administration* pela Columbia University (Nova York). Engenheiro eletricista pela Universidade de Brasília. Foi engenheiro *trainée* da Hitachi, no Japão, engenheiro projetista DDH na Cobra, Computadores e Sistemas Brasileiros, diretor financeiro da Pacific do Brasil, Comércio Exterior, *general manager* da Unipac Trading Company (Los Angeles). Consultor do BCG Consulting Group (Nova York). Consultor na área de análise e estruturação de projetos de investimento e avaliação de empresas. Atualmente, é coordenador acadêmico e professor convidado dos cursos de pós-graduação MBA da FGV. Autor do livro *Administração financeira I*. Coautor dos livros *Finanças corporativas* e *Matemática financeira*.

Marcus Vinicius Quintella Cury
Doutor em engenharia de produção pela Universidade Federal do Rio de Janeiro (Coppe/UFRJ), mestre em transportes pelo Instituto Militar de Engenharia (IME), pós-graduado em administração financeira pela Fundação Getulio Vargas (FGV) e engenheiro civil pela Universidade Veiga de Almeida (UVA). Sua experiência profissional tem como destaque as posições de diretor

de engenharia da Odebrecht TransPort S.A. e diretor técnico da Companhia Brasileira de Trens Urbanos (CBTU). Como consultor empresarial, coordenou e participou da execução de projetos para: ANTT, Abifer, Agetransp, Belgo-Arcelor Brasil, Transpetro e Thyssen Krupp CSA Siderúrgica. Atualmente é consultor técnico de projetos de transportes na FGV Projetos. Na vida acadêmica, na FGV, desde 1996, vem atuando como professor e coordenador acadêmico de cursos de pós-graduação MBA e como coordenador nacional do Programa Post-MBA. É autor de diversos artigos publicados em revistas e jornais nacionais e internacionais. Autor do livro *Empreendedorismo e gestão de negócios* e coautor do livro *Finanças corporativas*.

Este livro foi impresso nas oficinas gráficas da Editora Vozes Ltda.,
Rua Frei Luís, 100 – Petrópolis, RJ.